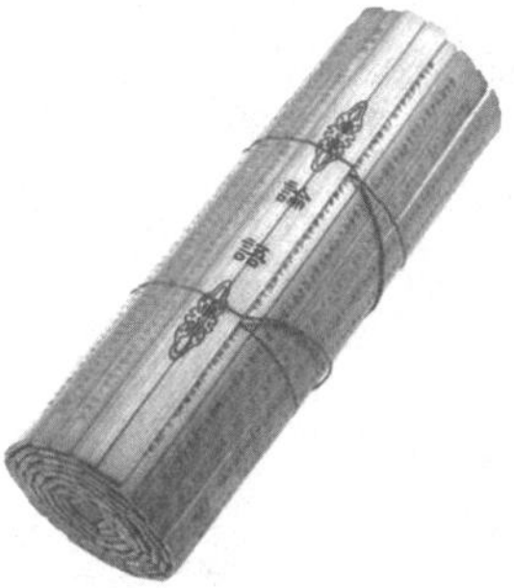

人生何以立

《论语》精要十讲与孔子的答案

RENSHENG HEYILI—*LUNYU* JINGYAO SHIJIANG YU KONGZI DE DA'AN

张凯元 ◎ 著

廣東旅游出版社
GUANGDONG TRAVEL & TOURISM PRESS
中国·广州

图书在版编目（CIP）数据

人生何以立：《论语》精要十讲与孔子的答案/张凯元著. —广州：广东旅游出版社，2016. 5

ISBN 978－7－5570－0334－0

Ⅰ. ①人…　Ⅱ. ①张…　Ⅲ. ①《论语》—研究　Ⅳ. ①B222. 25

中国版本图书馆 CIP 数据核字（2016）第 034650 号

出 版 人：刘志松
责任编辑：殷如筠
封面设计：回归线设计
内文设计：邓传志
责任技编：刘振华
责任校对：李瑞苑

广东旅游出版社出版发行
（广州市越秀区环市东路 338 号银政大厦西楼 12 楼　邮编：510518）
邮购电话：020－87348243
广东旅游出版社图书网
www. tourpress. cn
深圳市希望印务有限公司
（深圳市坂田吉华路 505 号大丹工业园二楼）
850 毫米×1168 毫米　16 开　8. 125 印张　110 千字
2016 年 5 月第 1 版第 1 次印刷
定价：28. 00 元

张凯元教授与我当年同在辅仁大学哲学系就学。毕业后张教授改至美国攻读教育，不过他一直仍保持着对哲学的兴趣，最近他写了《人生何以立——〈论语〉精要十讲与孔子的答案》一书，要我为他作序，就是一例。

我国的文化思想以儒家为主，而在儒家典籍中，如要选择一本最重要的著作，那就非《论语》莫属了。

众所周知，《论语》是一部以记载我国儒家学派创始人孔子和其部分弟子言行为主的语录体著作。虽然原书字数仅约一万五千字，却内容广泛，主要包含了孔子有关哲学、政治、社会、伦理、教育等领域的重要思想结构。而在孔子之后两千五百余年来，讨论《论语》的文字已不知凡几，却多数仍限制于我国传统“以经解经”的句读解释范围之内。一直到近代中西文化频繁交流，才开始有人注意到东西方的文化思想，其实有很多可以互相比较，产生旁征博引的思考方向。于是西方人开始逐渐重视东方思想中浓厚的人文特色，而东方人也开始引入西方思想中重科学、逻辑的观念，如此互补之后，中西原有的文化思想，就可以使彼此的看法立场更为清晰，得到相得益彰的效果。

张教授的《人生何以立——〈论语〉精要十讲与孔子的答案》应该就是这样的一本著作。本来东西方能够深入人心的思想，其最重要特色应是“悲天悯人”这四个字，张教授就先以存在主义哲学家雅斯贝尔斯的《苏格拉底、佛陀、孔子与耶稣》一书，举出古往今来，世界上最超凡入圣的四位作为代表性的人物，他们的伟大乃不止于他们思想的博大精深，更在于他们在了解及面对人生困境时，所表现出来的纯真、悲天悯人和完全不屈不挠的择善固执精神。

当然张教授此书，主要是为深入地了解我国儒家的孔子。于此，张教授在他书中引证了不少古今中外的思想家来进一步精致地阐释孔子。我在拜读之后，认为全书表达对儒家应属创新的说法或有两项，其一为对《论语》章句的创新解读，其二为对《论语》整体思想的创新梳理。

在第一项章句的创新解读上，例如第四讲中张教授提到“君子不器”（《论语·为政第二》），目前一般的白话译文大抵说是指一位君子应该知识广博、多才多艺，不可像是一件器具，只供一种特定用途使用之意。但张教授却认为依近代重视独立自由意志的原则来看，这句话实应译为“人是意志自由的，我们要知道人与单纯的器具不同。所以君子不可把人只当成器具来使用；更不可被人只当成器具来使用”才对。这种创新的解读，其实也和近代德国哲学家康德所说的“人是目的，不是工具”的意义相同。又例如张教授在第一讲中提到“五十而知天命”（《论语·为政第二》），到底“知天命”是指什么，向来众说纷纭，莫衷一是。张教授却认为知天命应该就是指明白了人对世事要有“知其不可而为之”的天赋使命感。这个诠释，不但符合了先前所说孔子之所以列名四大圣哲的悲天悯人之精神表现，而且也和《论语》中的其他章句，如“朝闻道，夕死可矣”（《论语·里仁第四》）及“是知其不可而为之者与”（《论语·宪问十四》）等理念一致。

在《论语》整体思想的创新梳理上，除了张教授以“十讲”来把《论语》一书的思想脉络作了相当眉目清楚的整理表达之外，我认为特别值得强调的却是第六讲“直面法理人情的冲突”、第八讲“发自内心地爱护自然”两处，这应该都是以前少有人涉及的新题目，而更重要的是他整本书的每一讲都文字流畅，可读性甚高。也许不是每一个人都会同意他的观点，但在理论上，他却表达得十分清楚。说到这里，我又想再稍一提的可能还有一处，就是他在第九讲中论及儒家“性善”的观念。人性本善或本恶，本来争论已久，迄今也尚无定论，但张教授于此提出的中西新论点却很有令人耳目一新的感觉，当然或仍不能作为定论，但我却可以完全感受到张教授做学问的功夫所在。欣见老同学新书出版，而且言之有物，爰表达些个人看法以为序。

台湾政治大学、台湾中国文化大学哲学教授 **杨世雄** 谨识

目录

目录

第一讲 学习是终生的志业

原文

子曰："学而时习之，不亦说乎？有朋自远方来，不亦乐乎？人不知而不愠，不亦君子乎？"

《学而第一·一》

释文

孔子说："求学的第一层次重在立志，首先要找到你自己的目标与兴趣，时时温习对照有关的知识，然后就会对道理能越来越明白，这不是很愉悦的事吗？求学的第二层次重在切磋，在求学已有相当基础之后，如能与志趣相投甚至远道的朋友经常作知识上更深入的心得研讨，那不又是更快乐的事吗？求学的第三层次重在谦虚，即是在切磋学问时，因为真理难有一致的标准，有时不免会遇到不理解你的人，或有与你相左的意见看法出现，那时绝不可随便动气，这不就是从求学而达到成为君子的境界了吗？"

原文

子曰："吾十有五而志于学，三十而立，四十而不惑，五十而知天命，六十而耳顺，七十而从心所欲，不逾矩。"

《为政第二·四》

释文

孔子说："我在约十五岁的时候，开始找到自己求学的兴趣与目标，立志要探究人生的意义在哪里。到了三十岁左右，对一般涉及人生意义的有关知识已大致有了基本的研究与认识，初步有成，能掌握各种学说的核心重点了。但是到四十岁左右，我才明白在各种解释人生意义的学说中，其实没有任何一种是绝对完美而可作为最后定论的。那我们该怎么办？一直到了五十岁左右，我又终于知晓到人生真理虽或永远无解，但上天既已要我们生存在世界上，应该不会让我们白活的。对真理不作统一规定，就是要保留我们活出各自生命意义的弹性，让我们在世间有一个可供永恒追求而又可能永远达不到的目标。故虽对世事有‘知其不可’的无奈，我们却仍必须负起继续‘为之’的责任——这应就是天命微妙的人生道理啊！我想的到底对不对呢？这件事本来就没有标准答案。我虽然提出自己的理论，别人又不见得一致同意我的看法，因之我有时还受到他人的攻击与讥讽。这不免使我难过，但也让我得以持续检讨、修正自己的有关道理，使之更为圆融。这样直到六十岁左右我才做到对别人的批判听了较不介意而可淡然处之的地步。现在时间又再过了十年，我已经是年逾七十的老人了，‘知其不可而为之’的路途寂寞又漫长，我检讨自己一路走来，应该没有太大的偏差，态度也很坚定，然受限于精神、体力的现实，可能会稍作调整，不违背自己确立的人生方向，但不像以前那么计较得失了。心意不变，脚步放缓——我就这样走下去，一直走下去。”

原文

子路宿于石门。晨门曰：“奚自？”子路曰：“自孔氏。”曰：“是知其不可而为之者与？”

《宪问第十四 · 四十一》

释文

子路在石门城外住了一晚。第二天一早进城，守城门的人问：“你从何处来的？”子路回答：“我从孔家来的。”守门的人说："你说的就是明知不可能做到，而又坚持非要去做的那个人吗？"

在讨论孔子与《论语》这个正题之前，让我们先引述一段流传的小故事：

有一位母亲带着小孩上街，看到一幅孔子的画像。孩子指着画像，好奇地问母亲："妈妈，又不是圣诞节，为什么挂圣诞老人的图画？"

啊，大哉问！

西风压倒东风？孔子不见了？中华文化不敌西洋功利主义？

物质欲望的满足胜过精神慰藉的追寻？理想比不上现实？人活着是为了什么？

人生最终的意义到底在哪里？

近一二百年来，西风东渐，东风无力百花残是个事实。追究其根底，这种现象之所以发生，应是由于西方国家以武力向东方国家侵略殖民所产生的副作用。船坚炮利是一时科学发展所得的结果，但科学一时的进步并不能代表一个文化的整体结构，如以此来评判一种文化胜过另一种文化就可能有偏差。要不然何以汉唐时代科技并非十分发达，中华文化却远播海内外？又如日本在明治维新时期大力学习西洋科技的同时，却并未放弃一千多年来对日本文化影响至大的儒家思想，甚至在政治上及教育上反更加以重视推行儒学，历史证明了这种做法完全正确。再举例来说，现代美国的国力比古希腊不知要强多少倍，却没有人会说美国文化比古希腊文化高明的话。当我们提到奥林匹克运动会，不管在哪一个国家举办，办得多盛大、多光彩，最后大家还是会想到希腊，因为那才是奥运价值的源头。

近代由于国际文化交流频繁，不可讳言有光鲜的西方文化一时使东方文化相当逊色的现象发生。但同样地，也正因为频繁的文化交流，国际间的距离不断缩短，在一段时间的热潮之后，近年不少学者专家，终于回过头来认真比较各种文化的内涵价值差异，发现东方文化在对人类过去的贡献及对未来的意义上比起西方文化都可能有过之而无不及，中国之外的其他世界各国对东方文化——尤其是儒家思想进行探讨的著作开始大量出现。

例如日本教育家新渡户稻造在1899年以英文写成的《武士道》和日本儒学者宇野哲人在他多项有关儒家的研究著作里，都提到日本人非常引以为傲的武士道精神，这事实上就是一种儒学仁义、日本神道忠孝、佛教寂静和了脱生死等观念的混合信仰。另外被誉为20世纪最卓著的英国历史学家汤恩比（A. Toynbee）和日本宗教思想家池田大作在他们1976年的著作《展望21世纪——汤恩比与池田大作对话录》里认为，要解决21世纪人类的问题，就必须回头由东方的孔子思想和大乘佛法中汲取智慧。美国政治学者杭亭顿（S. Huntington）在1996年的《文明冲突与世界秩序的重建》一书中，亦有类似说法：未来的世界大势是非西方文化的民族不会再是历史的客体、只被当作西方殖民主义的目标，而将会和西方一齐来驱动并塑造历史——亦即世界上几个主要文化之间互动，将形成新的竞合关系。这几个主要文化，杭氏指的就是儒家文化、基督教文化、阿拉伯文化和西班牙文化等。目前他的文明冲突理论十分受重视，已俨然成为21世纪研究国际政治的显学。

除这些之外，德国的存在主义大师雅斯贝尔斯（K. Jaspers）在研究比较了历史上的各著名哲学家后，于1957年写成《苏格拉底、佛陀、孔子与耶稣》一书，提出古往今来世界上最超凡入圣的就是这四位代表人物，认为他们的伟大不仅在于思想的博大精深，更在于他们在面对人生困境时所表现出来的不屈不挠和悲天悯人的崇高胸怀。

• 求知如攀阶梯

我们研究孔子这个人，认为他之所以受到大家普遍的景仰是因为正如孟子所说，他不但是圣人，而且是圣之时者与集大成者。到了汉代，司马迁在他的《史记·孔子世家赞》上，更是直截了当称他为“至圣”。这些赞美，都是由于他的思想和人格的杰出表现让人口服心服，远远超越一般人所能企及。

孔子的整个哲学思想体系应是始于“学而时习之”，而终于“知其不可而为之”。

我们先看《论语》第一篇《学而》的第一章：“子曰：‘学而时习之，不亦说乎？有朋自远方来，不亦乐乎？人不知而不愠，不亦君子乎？’”

曾经有人说，《论语》的篇章编辑，好像颇为杂乱，东拉一句，西扯一句，缺乏连贯的系统。我们却不以为然，《论语》的成书，本来就有其相当活泼而不松散，严肃而不呆板的道理存在。以这篇《学而》作为《论语》的开场白，即有三点明显的意义。

首先我们试想，如果改以《论语》的其他任何篇章的文句替换此章，那么整部《论语》可能就完全不对劲。其次这《学而第一·一》，一开始，就给了我们一个优雅鲜明的学园景象——一群学生正在弦歌讲诵，这几句话读起来又抑扬顿挫，如行云流水，这样一种教育与生活结合的气氛，自然就更易使人立志一心向学。第三，《学而》放在首篇首章，正是代表一个人的人生思想取向要从求学开始。任何知识的进步，一定都要在对现存已有知识的学习上做起。孔子就借这段文字，把一个人求学过程通常遇到的状况分成三个不同的层次：第一个层次是立志，第二个层次是切磋，第三个层次是谦虚。

先说第一个层次。其实读书求学，一开始不但不会使人高兴，反而有可能是一件相当令人苦恼的事。很多小朋友第一天上幼儿园，就拉着妈妈的衣角要跟妈妈回家，这便是一个实例。等到了上小学、中学、大学，每天面对的更是一大堆的功课和老师紧绷的面孔，要说读书会使人愉快，那真是天方夜谭的事。

可是孔子为什么说“学而时习之，不亦说乎”呢？其实这句话的重点在“时习之”三个字上。也就是孔子了解到，读书不会无条件地带来快乐，但读书可以在一个人找到自己求学的兴趣所在、目的所在，然后开始时时留心，主动去追求更进一步对某种知识的需求之后，才开始变成一种乐趣。一个喜欢研究汽车的人，一见到书架上有新的汽车杂志出现就想买一本，看到路边有新型汽车停放也会眼睛发亮，便是这个道理。

这就是孔子谈学习，第一句话便先点出，真正的求知乐趣绝不可能经由机械式的铸造塑型，而必须要经由一个人自己的动机内化才有可能产生出来。所以求学的第一层意义，就是我们要先找到自己的兴趣和建立自己准备追求的求学目标、方向。

其次要谈第二个层次。孔子说“有朋自远方来，不亦乐乎”这句话应指的是，在求学过程中找到了自己的兴趣和建立起自己的目标，而且单纯地探求有关知识，有了相当的基础之后，下一步要做的就是更进一步的切磋。

求知如只是一味的单向吸收，那叫做读死书。我们读了书，有了初步的基础之后，还要将它加以思考、印证，那就是切磋的功夫了。切磋就是集思广益，有人一起来讨论最好。

孔子在中华文化史上首开民间授徒，弟子三千，就是要使具有同类兴趣与志向的人可以聚集在一起共同切磋学问。而西方文化最重要的“古希腊三哲”——苏格拉底、柏拉图、亚里士多德三人也在差不多同样的纪元年代，开始广收门徒，逐步建立了学园制度。尤其亚里士多德的学园，后来被专称为逍遥学派，就是因为他喜欢带着学生在花园各处回廊一边喝茶散步，一边彼此切磋论道的缘故。我们现代所谓召开学术研讨会，也是同样的道理。而且开会能开成国际性的研讨会，使远处的同道都可以一起来参加，就是更能使人感觉到“吾道不孤”的快乐。

求学到了最高的第三层次，应是要进入永远不可自满的谦虚境界。孔子于此说了“人不知而不愠，不亦君子乎”一句话。这句话，放在《学而》首章最后，是一句相当严肃的警语。因为人有了一点学问之后，最大的毛病可能就是容易自满而且顽固。

我们知道，学无止境。其实世界上可能并没有绝对颠扑不破的知识，也不会有所谓让所有人都一致肯定的学问这回事。所以在求学的路途上找到自己的兴趣与志向是快乐的，有人与自己志趣相投、论学时酒逢知己千杯少是快乐的，但有时切磋遇到和自己观点不一样的人，彼此有了冲突时却又如何呢？孔子认为这才是求学的路途上最要紧的一个关口，而且任何求学者都一定会遇到的，这就是求学到最后的修养问题了。任何真正的知识最后都应内化成自己人格的一部分。我们要明白这个道理：有时别人有不同的看法，甚至可能引起激烈的争论，都是在探求真理的过程中常常会发生的，我们不能因此随便生气，别人的看法并不是全不可取呀！明白了这一层道理，不就是从求学开始，而达到成为一个君子人的境界了吗？

• 追寻真理之路

孔子在《论语》中配合立志、切磋和谦虚三层面，把自己经历的心境转变又另分成了六个阶段，在《为政第二·四》里，记载如下：“吾十有五而志于学，三十而立，四十而不惑，五十而知天命，六十而耳顺，七十而从心所欲，不踰矩。”我们现在来看看他这几个阶段到底代表了些什么意义。

第一阶段“吾十有五而志于学”，应就是孔子表示他在十五岁左右，就达到了求学的第一“立志”层次。这话可能孔子说得相当保守，因为依据司马迁在《史记·孔子世家》上的记载："孔子为儿嬉戏，常陈俎豆，设礼容。"为儿嬉戏的年纪，很可能是在十岁以前都不一定，但我们还是照孔子自己的说法，就定在十五岁左右，孔子便已找到自己的兴趣，常常摆设出祭祀的礼器，模仿练习行礼的仪式作为游戏。孔子的兴趣与志向就在此时成形，开始逐步建构出他一辈子永续追求的伟大思想体系，希望能研究出如何以最"和谐"的原则来解决一切人生难题。

孔子的第二求学阶段"三十而立"，应说的是他在三十岁左右便进入了第二层次的切磋期。这时他有关人生意义的基础知识已大致完备，可是也仍有很多未知的问题尚待解决。一方面觉得自己学习到了这个地步，应是可以告一段落，出来服务社会的时候了；另一方面又觉得自己学得的知识总是未臻圆满，很多地方连自己都不很满意，如果贸然站了出来，说是推动一个自己认为很好的理想计划付诸实现，但如果因为自己的思虑仍欠周详，那说不定还会为社会带来不良影响，这时不免就产生犹豫。依据有关的事据，有几件事情大概可以稍反映出孔子此时在知识上已初步而立，又仍待进一步切磋的微妙心态。

据孔子年谱的记载，孔子于鲁昭公二十年（公元前 522 年）三十岁时正式开始授徒设教，首创平民教育之先，这是孔子而立之年所实际推动的一件划时代服务社会的大事。此外，孔子亦在切磋上有两件重要的纪录，大抵发生在他三十岁的时候。其一是"子入太庙，每事问"（《论语·八佾第三·十五》）。这是孔子求学不厌其烦，愿意请教别人、追根究底切磋的精神表现。其二则是孔子问礼于老子。这件事据《史记》及《庄子》等书上的记载，可能就在三十岁左右（也有说更早或更晚或不止一次的）。他们说了些什么，我们暂不在此细表，而据传孔子见了老子回家后竟三天不言不语，可见这一次的切磋必有所得有所失，使孔子受到的震撼很大。不管怎样，这一定使孔子的思想又得到了更深入检讨的机会，到底真理的最后根据在哪里呢？

孔子苦苦思索这个问题，心中疑问一大堆。这样竟又过了约十年，可能在四十岁左右的某一天像电光石火一样脑中一闪，突然有了领悟——“四十而不惑”，进入了求学的第三阶段。为什么这个问题那么困难？原来这个问题可能根本就没有答案！

这个领悟，是不是由于他与老子论道之后得到一些助力，我们不得而知，却与老子的思想有些契合之处。老子《道德经》上的第一段话：“道可道，非常道，名可名，非常名”指的是：“可以由我讲得出来的道理，那就已不是真正的道理了，可以由我说得出来的一个事物内容，已不是那个事物真正的内容了”。也就是说，人是有限的，真理是无限的，以有限的人，怎么可能了解到无限的真理本体呢？人的感觉和理性都有缺陷和成见，不同的人看同一桌子，所得到对桌子的印象一定有差异，那就已不是原来的同一张桌子了，一个人认为美的，另一个人可能认为丑，那么他们说的到底是同一事物吗？在东方思想中，佛教的思想亦与此相仿。例如佛家所言的“五蕴皆空”，说我们人的色（身体）、受（情感）、想（动机）、行（行为）、识（对外界事物的判断）都靠不住，便是同样的道理。

这个道理，除了东方思想之外，西方思想中也有类似的说法。苏格拉底、笛卡尔、康德、胡塞尔、牛顿、爱因斯坦等著名哲学家和科学家追求真理，追到最后却都多少倾向了“不可知”。如苏格拉底一生都只自称自己是一位“爱智者”而非“智者”，道理就是他自知真正的智慧事实上可能无法达到，而只能永续追求之故。

孔子在四十岁左右也得到了这样类似的结论。所以他说“朝闻道，夕死可矣”（《论语・里仁第四・八》），明白指出他对所致力追求的“道”（真理）可能无法达到，已是心里有数。不过接着另一个新问题来了——既知一个目标难有达成的可能，那我们前面的路还该不该走呢？

• 淡化得失心

近代德国哲学家康德（I. Kant）写过《纯粹理性批判》及《实践理性批判》这两部理论著作，扎实地阐明我们的“知”与“行”的问题。其《纯粹理性批判》先承认了我们的经验和理性都有限，所以对任何事物的了解，都只能达到皮毛的表面现象，而无法真正认知事物的真相。其《实践理性批判》也同样在承认了我们对真知识的无能为力之后，提出我们仍要立志勉力做补救，负起自己在伦理道德行为上应负的责任。

康德的论述也许就正适合来解释孔子的思想模式。康德在五十七岁那年先发表《纯粹理性批判》，在六十四岁那年再发表了《实践理性批判》，中间相隔约十年。孔子则在求学第三阶段达到“四十而不惑”，然后又在求学的第四阶段达到“五十而知天命”，其间相隔亦约十年。在四十而不惑时，即已明白真理知识无法掌握，那么五十而知天命，“天命”又是指的什么东西？康德在已知纯粹理性不可为之后，再花了约十年的工夫提出实践理性以为补救，孔子则在四十而不惑之后，也花了约十年的工夫来思考，然后提出了“天命”这个概念以为补救。“实践理性”和“天命”两个概念，应该都指的是“人的责任”，但孔子用知“天命”来表示明白人的责任，却是他的创见，可能由于儒家本来就存有“天人合一”想法的缘故。儒家认为天与人之间自有其微妙的感应关系存在，人能够了解天所赋予人的使命，顺应着去做，那就是一种最至高无上的“和谐”关系。

那么这个五十而知的“天命”到底有什么大道理呢？依照儒家的想法，“天”是一切的主宰，伦理道德当然也不例外，所以“天”是不会跟人开玩笑的。但现在“天”好像不让人了解真理，这不是开玩笑吗？而另一方面，“天”既不让人了解真理，那为什么又让人生存在这个世界上呢？这不是更荒谬吗？

孔子为此思考了十年，然后到了五十岁左右终于恍然大悟，原来让人活着又不让人了解真理正是老天最巧妙的安排。道理其实简单至极，因为如果人天生就有了解真理的能力，那么请问人活着还有什么事可做呢？所以孔子说如果哪一天自己真能了解这世间的真理，那么就是当晚死掉也不会有遗憾，亦含有这个意思在内。归根到底就是说现在老天既让我们活着，就一定要保留一种让我们活下去的动力，这种不作统一规定，让真理保持模糊的状态，不正是可以让我们永续追求，然后借此发展出各自认定的生命意义的巧妙安排吗？孔子迄此，基本上等于把自己思想所有的疑问、矛盾处都归于统一，在某种意义来说，虽清楚做了不一定成功，但又自知不做更等于白活，也可以说就是悟道（知天命）了。这正是："众里寻他千百度，蓦然回首，那人却在灯火阑珊处。"

不过事情还没完。孔子接着又说他求学的第五个阶段："六十而耳顺"。"知天命"之后怎么还有别的事呢？这又回到原来的那个关键点，因为老天既未亲自把真理摆在大家的面前统一宣布做了规定，那么你自己说的知天命也不过是一种推测而来的结论，别人也不见得就会一致同意你的看法。不但与你持相反意见的多的是，有些人还会对你冷嘲热讽，甚至人身攻击都绝不少。

孔子自忖诚恳为人，所持的思想、做法也都以增进人类福祉为目的，初时面对别人不客气的言词，难免心里会有不愉快的感觉，这时就面临求学的第三层次——"谦虚"这一修养关口了。孔子带着他的思想理论与满腔热忱，在五十多至六十多岁之间周游列国，却到处碰壁，无法施展自己的理想与抱负。碰的钉子多了、挨的骂多了，除了有些可以作为修正自己的思想理论的借鉴之外，对别人的冷面孔、冷言语也愈来愈不那么介意了。在《论语》中有好几例，孔子在周游列国时遇到一些如荷蒉者、楚狂接舆、长沮、桀溺和荷莜丈人等隐士的批判，却表现出了相当包容甚至接受指教的态度。所谓"耳顺"，如此对照起来，就是能听得进别人逆耳之言，这就呼应了《学而第一·一》的"人不知而不愠，不亦君子乎"的标准了。

然后到了孔子求学的最后阶段："七十而从心所欲，不踰矩。"人生七十，已到了晚年时期。孔子正好在这前后回到鲁国。倦鸟归巢，雄心未已，不过精力已有限。孔子虽然深信自己的思想理念没有错，"知其不可而为之"的方向也正确，但却更淡化得失之心了。

例如在孔子七十一岁那年，发生了一件齐国大夫陈恒弑齐简公的事，据《论语·宪问第十四·二十二》的记载，大意为："孔子在家斋戒沐浴后去见鲁哀公请求讨伐陈恒。鲁哀公推辞要他去跟鲁国掌权的季孙、仲孙、孟孙三个人商量。孔子说：'因为我也担任过大夫的官职，所以我不能不将这事向国君报告，国君却要我转向那三个人报告。'但孔子还是去向三人报告了，三人却否决了他讨伐的建议。孔子于是又说：'因为我也担任过大夫的官职，所以这事我不能不报告啊。'"这件事就正好说明了孔子晚年的心境，除了继续教学与修订有关儒家典籍的工作之外，对政治及社会上的事虽仍关心，却自我调整，在可能影响的范围之内，一步一步坚定地一直走下去。

这样，从《论语·学而》开始谈到此时，我们就可以将孔子的哲学思想略作一个结论，这个结论就是"知其不可而为之"这句话了。在《宪问第十四·四十一》里，这句话是借一位早班守城门的小兵之口形容孔子的"是知其不可而为之者与？"画龙点睛说出来的。《论语》为何只记下这位小兵的话呢？我们想这应有两层意义存在，其一是这句话由他说出比由孔子的学生或其他达官贵人来说要轻松自然多了；其二是可以说明孔子的思想名声已经流传甚广。这位基层小兵对孔子的这一句话描述，除了中肯之外，显然还有若干赞叹、惋惜与期盼等感情成分在内。于是我们也不得不赞叹：

伟大的思想，
优美的文笔，
高明的编辑，
这就是《论语》！

第二讲　保有自由的意志

原文

樊迟问仁。子曰："爱人。"问知。子曰："知人。"樊迟未达。子曰："举直错诸枉，能使枉者直。"樊迟退，见子夏，曰："乡也，吾见于夫子而问知，子曰：'举直错诸枉，能使枉者直。'何谓也？"子夏曰："富哉言乎！舜有天下，选于众，举皋陶，不仁者远矣。汤有天下，选于众，举伊尹，不仁者远矣。"

《颜渊第十二 · 二十二》

释文

孔子的学生樊迟问"仁"的意义是什么。孔子说："爱护人。"又问怎样才算明智。孔子说："能明察一个人的是否能爱护人。"樊迟未明白孔子的意思。孔子又补充说："提拔正直的人，放置在不正直的人上面，就能使不正直的人也变正直了。"樊迟退出，过了一阵去找子夏，说道："前些时候，我在老师那边问怎样才算明智。老师说：'提拔正直的人，放置在不正直的人上面，就能使不正直的人也变正直。'这是什么道理呢？"子夏回答说："这话真是充分表达了明智的意义啊！虞舜有了天下，在众人之中提拔皋陶掌刑法，除了补足自己的短处外，又可使那些不爱护人的官员自然就无所施展而远离。商汤有了天下，在众人之中提拔了伊尹作为他的宰相，除了补足自己的短处外，也又可使那些不爱护人的官员就无所施展而远离了。"

原文

子曰："仁远乎哉？我欲仁，斯仁至矣！"

《述而第七 · 二十九》

释文

孔子说："'仁'这回事，距离我很远吗？其实仁不仁是一种意志的问题。我不想做，它当然远在天边，但只要我想做，它是近在眼前的！"

每个人的生命都代表了他对这个世界的一份责任。

重要的是他如何来做自己责任的决定。

孔子了解到他人生面对的是一个"知其不可而为之"的艰困环境。他有基本选择的权利，但是下一步该怎么走才对呢？

古今中外伟大的思想家几乎都面临过这个问题，也都努力想解答这个问题，因为所谓思想家，其最主要特征就是总在别人认为没有问题的地方发现问题，也总是在别人认为无法解决的问题上解决问题。那这个问题怎么解决？近代法国哲学家兼科学家笛卡尔（R. Descartes）的想法最中肯："我们人或不易简单直接地明白世间纯粹的真理，不过我们仍应坚持去找最接近的真理。"这即是指出，百分之百的真理是难达到的，但接近真理却仍是可为的。

这是个令人困扰的问题，其实在孔子所处的春秋时代"百家争鸣"期间，也有不少人同时在想这件事。

• 兼收并蓄

春秋时期，除了儒家之外至少另有两条比较具体的思想道路，一条是道家，一条是法家。道家主张自然无为，认为只要人人顺应自然，把自己分内的事做好，天下也就自然太平，外来的一切约束基本上都是不必要的。法家却相反，认为人都是自私自利的动物，主张社会要公平发展，就必须订立各种严格的制度刑罚，以使国家可以安定强盛。至于儒家，则着重在追求和谐，认为世界上是应有一定的基本规矩存在，这些规矩必须要由人从自身的修养及人与人之间彼此尊重的互动开始建立。这种以重视人与人的和谐关系来解决人生问题的观念，儒家就称之为"仁道"的精神。

这几家思想，在初起时，不少观点还有互相参考之处。孔子对于道家、法家的理论主张，在态度上有相当程度的尊重，又非完全同意，例如在《论语》里，孔子曾举过虞舜一例，赞美无为而治的成功，也曾举了管仲一例，赞美威权法治的成功。

第一例在《卫灵公第十五·四》。子曰："无为而治者，其舜也与！夫何为哉？恭己正南面而已矣。"其所说的大意是："能无为而治的人，大概只有虞舜吧！他做了什么呢？就只不过恭敬自守，端正地坐在朝南向的天子之位上而已。"

这段文字，也许有两重意义在内。第一重，当然是肯定舜帝能以无为的方式，轻轻松松地就把国家治理好。第二重，孔子似在语气上多少又怀疑除了舜帝之外，别人如也采用这样无为的方式，是否可以得到同样的效果。

第二例在《宪问第十四·十八》。子贡曰："管仲非仁者与？桓公杀公子纠，不能死，又相之。"子曰："管仲相桓公，霸诸侯，一匡天下，民到于今受其赐，微管仲，吾其被发左衽矣！岂若匹夫匹妇之为谅也，自经于沟渎，而莫之知也！"

其记载的大意是："子贡说：'管仲不是个仁人吧？齐桓公杀了他的兄弟公子纠，管仲是纠的太傅，没有跟随他一起死，后来竟还当了齐桓公的宰相。'孔子说：'管仲辅佐桓公，称霸于诸侯，建立制度使中原各诸侯国都一致遵行，老百姓一直到现在都因此得到安定。如果少了管仲，我们现在大概都已沦亡在外来侵略者的手中，奉行异族文化了。管仲难道一定要跟一般人见识一样，当时只管一死，在田间水沟里自杀不为人知，而不求留下来做些更有意义的事吗？'”

这段文字，或同样也有双重意义在内，亦即除了肯定管仲为了达成目的，可使用不择手段的霸道做法获得成功之外，还多少认为管仲只是一个特例，一般人恐怕不易引用。

管仲的例子，后来果然出了问题，他强势的作为只带来齐国一段时间的盛况。根据历史上的记载，说到一时的威权治术到底缺乏根基，而齐国的君主桓公这个人自己的能力、德行又都不怎样高明。他先是靠了鲍叔牙，后来又靠了管仲，偶然在春秋时期成就了一段时间的霸业。而管仲死了之后，他不再有能臣辅佐，加上本身昏庸，没有几年便被奸臣包围，终至引发内乱，最后竟饿死在宫中床上，直至六十七天后才有人为他收尸。所以孔子的忧虑应非无的放矢。而在第一例中舜帝“无为无治”没有发生不良的后果，则可能又有他特别的因素。或是舜帝虽然无为而治，却并不昏庸糊涂，有他一定的用人处事智慧，平时又能令人敬仰，并且贯彻无为不争的原则，早就安排把帝位让给夏禹，如此才得以避免招来祸患。

这个道理，如果我们连同《论语》的另一章《颜渊第十二·二十二》一起来看，事情就会比较清楚。樊迟问仁，子曰：“爱人。”问知，子曰：“知人。”樊迟未达。子曰：“举直错诸枉，能使枉者直。”樊迟退，见子夏，曰：“乡也，吾见于夫子而问知，子曰：‘举直错诸枉，能使枉者直。’何谓也？”子夏曰：“富哉言乎！舜有天下，选于众，举皋陶，不仁者远矣。汤有天下，选于众，举伊尹，不仁者远矣。”

樊迟虽然问“仁”，实际上还是不太把握得住孔子话中的意思，孔子的解释确实有些深奥，他把核心思想以这样几句话表达出来，不要说樊迟一时难以掌握重点，就是在千年之后接着学习儒家思想的我们，推敲了多少功夫，结果可能只得皮毛。但我们总要有个看法，或许仍然勉强——我们认为，孔子所说的“爱人”和“知人”不正是指出了人之所以为人的两项本质——“感情”和“理性”吗？

樊迟问“仁”之后过了几天，自己再三思索孔子的话感到仍有些不明白的地方，于是他又去找同学子夏来切磋这个问题。子夏听了孔子对樊迟问“仁”的回答后说道：“老师这话说得高明极了，这指的不但是使仁普遍化，而且就是中庸调和的智慧呀！我也想到两个实例可以供你参考：一个是虞舜有了天下便选用皋陶以补足自己的不足，使施政没有漏洞，也使不仁者远离了；另一个例子是商汤有了天下，选用伊尹辅佐自己，同样使得施政没有漏洞，且不仁者因为无处施展而远离了。”

孔子除自己的儒家思想之外，对道家和法家也有过深入的研究。而其弟子子夏对道家和法家的内容应亦下过相当功夫，所以他一开口便能反映孔子所讲的重点。他所举的两个例子，第一个虞舜提拔皋陶是道家与法家的一种调和，而第二个商汤提拔伊尹则是法家与道家的另一种调和。

在第一例中，虞舜是道家柔性无为治国成功的典型，而子夏所提他重用来协助管理国事的皋陶却是刚性法家思想中鼎鼎大名的前辈人物之一。虞舜无为而治，皋陶却为他制定了一大堆法条来使社会得以安定运作，使虞舜成了一代圣君。

在第二例中，商本是夏朝东方的一个诸侯国，因商汤整军经武，国势渐强，后来起兵讨伐暴虐乱德的夏桀，终于取而代之建立了商朝，应是一位刚性法家代表性的君主。他初起之时，就提拔了柔性的伊尹作为他的宰相。伊尹本是厨师出身，出仕后以调和鼎鼐之术治国，首先明白民生吃饭问题的重要，而且致力于使老百姓战乱后可以休养生息，施政以配合民情、活络经济为主，是一位崇尚自然、尊重人性的早期道家思想的重要人物。就因为他能够顺应时势，终于帮助成就了商代五百余年的基业。

子夏的这番话就等于是补充了孔子的意思说，如此用心来提拔一个能爱护人的正直人，真是推广仁道的最高智慧。因为只靠自己一个人，不管再怎么努力，所发挥的效果仍然有限，这就必须有人来协助自己，而且可补足自己尚有不逮之处更好。子夏所举的两个例子，可能正为这章文字作了最好的注脚，表达出一种以“爱”来作为“仁”的起点、以“中庸”来作为“知”的终点的儒家思想，这里可以调和道家和法家的最精粹的思想创见。如此，大家都能以长补短，以仁爱为核心，以中庸和谐的观念共存共荣。如此风气之所及，那些原来不仁的人，就只剩下两个选择：一则是也受感化而转变为一个仁人，二则是无所施展而只有销声匿迹了。

• 爱人

我们都知道“仁”可以说是儒家学说最核心的思想了。在整部《论语》中，“仁”字出现了一百多次（“仁”字在孔子之前的我国古文献里很少出现。另在英文等外国文字里似也找不出很适切对应的同义字）。但“仁”到底指的是什么？统观《论语》全书，孔子对它下的一个最简明而直接的定义，大概就是在《颜渊第十二·二十二》里所提的“爱人”两个字，然后再加上以能否明察一个人是否爱护人来解释“知”。“爱人”和“知人”用现代的语言来说，就正代表着人类的感情和理性。

“感情”“理性”和“仁”是人之所以异于其他动物的重要分水岭，其他动物没有明显的理性能力，有些类似感情的行为亦大概只是本能的表现而非意愿感受的结果。其他动物缺乏感情的“爱”和理性的“智”，当然也就不会有“仁”的行为标准出现了。既然只有人才会行仁，所以《中庸·第二十》也引用了孔子的话说：“仁者，人也，亲亲为大。”《孟子·尽心下》也同样把这个意义加以发挥说：“仁也者，人也。合而言之，道也。”儒家企求以“仁道”的方式来完成人生福祉的理想，可能轮廓就此更清楚了。

人是感情的动物，也是理性的动物，孔子两千五百多年前如何掌握这个原则，我们不得而知。但他的“仁道”观念由感情出发则完全正确，所以他定义“仁”先从感情开始，不过又认为要做到圆满要靠理性。感情就是爱，理性就是明智的决定。上天的造人，给了我们很多缺陷，使人生遍布困苦与无奈。但上天却又给我们留下感情与理性这两种最珍贵的特质，使我们可以爱别人及被别人所爱，使爱人及被人爱的都因此有了价值，更使我们可以做自由的意志选择决定如何爱人与被爱，所以我们的人生又因此充满了希望。这就等于上天还是把人生的意义交回到我们自己的手上了。孔子认为，这个人生的意义没有别的，就是一个“仁”字。这个“仁”，就成了儒家思想的核心，可以用“情”和“理”来加以解释，也就是儒家认为我们人之为人，应该终生追求天赋使命所在。

• 抓住意志的稻草

“仁”如此崇高伟大、神圣庄严，它一定是很难做到的了？我们是不是应该每天对它膜拜祈祷，希望它能给我们一些启示，引导我们前进呢？孔子的想法似又不是这样。反过来说，他倾向认为“仁”这回事，说高尚当然高尚，但说平凡也是平凡极了。他之所以归纳出“仁”这个观念，还可能因为“仁”实际上就存在于我们人的日常生活之中，就存在于我们每一个人自己的心中。在我们各种眼花缭乱的人生理想中，没有比它更丰富、重要、圆满的了，而在各种人生理想的追求上，又没有比它更能轻易获得的了，我们怎能还不赶快去抓住它呢？

于是，在这里就要提到《论语》中的另一段话了，孔子说：“仁远乎哉？我欲仁，斯仁至矣！”（《述而第七·二十九》）

我们思考这段话的意义应就是：“‘仁’这回事，距离我很遥远，很难做到吗？其实仁不仁应只是一种意志的问题。我不想去做，它当然像在天边一样地遥远，但只要我想做，它便近在眼前，立即就可实行的。”我们再一思考，可不就是吗？人要追求功名利禄，甚至找一份糊口的工作，都不免要花很多精神力气，而我们要帮助一位老人家过马路，或是不随便乱丢一个饮料瓶，这些不过举手之劳的事，没有人会说做不到，做了，却就是仁道的开始。

对于“仁”，有什么困难不能做呢？孔子又进一步说了：“为仁由己，而由人乎哉？”（《颜渊第十二·一》），这也指明，行仁道要凭自己的意志，不是别人可以帮你做，或是要别人督促你才做的。

所以，意志是纯然自由的，他人也许可以禁锢你的肉体，却绝不可能限制你思想上的自由选择。只要认为是对的就去做，哪里还有什么远不远的问题呢？另外意志也代表一种坚持，也就是《中庸》里所谓“择善固执”的意思，那还有什么好犹豫的呢？

孔子在《论语·子罕第九·二十五》提到：“三军可夺帅也，匹夫不可夺志也。”说的就是三军虽众，如人心不一，是连自己的主帅都保不住的，那就还不及一个普通人立了坚定的志向之后不轻易受人影响。又17世纪的天文学家伽利略，曾在当时学界普遍认为地球是宇宙中心的情况下，自己以望远镜观察，得出地球实际上是绕日而行的结果，观点发表后受到甚多攻击并被软禁。晚年体衰甚至双目失明，却仍然坚信地球绕日运行，直至死前仍在病床上念念不忘地提到：“地球还是动的啊！”其思想意志的自由坚定，确实无人可予改变。

现在，我们试把仁爱、中庸、智慧、自由、意志这几样美丽的东西作为蓝本，或许可以据此描画出一幅美丽的图画来也不一定。

画什么图画呢？或就是像达·芬奇的《蒙娜丽莎》那样的一幅画吧！一位美丽女子浅浅的笑容和安详的姿态都充满了感情、和谐与理性，被灵巧的笔触所捕捉和显现，但她的脑海里却一定还有着千丝万缕自由而轻柔地波动着的绵长思绪同时存在。她心中冰雪般地明白，她的确已不枉在人间走过这么一遭，她也一定清楚地记得自己做过些什么对得起自己、也对得起这个世界的事。她那黠慧的眼神，不是除了凝视着远方之外，也正对着今日的你我娓娓地诉说着五百年来她所见证过的一切探索、憧憬、成长、付出、收获以及她自己对这世间迄今仍存着的无尽依恋吗？一切都在画中了。人的胸怀，就应该达到这样的境界。

我们也可看北宋的范仲淹，在岳阳楼上远眺着那滚滚的长江，慨然而有“先天下之忧而忧，后天下之乐而乐”之志。又东晋的田园诗人陶渊明吟诵“采菊东篱下，悠然见南山”，这些都是相同的意境。

仁，没有什么所谓至大，也没有什么所谓渺小，我们何不就从拈起眼前这一朵美丽的菊花做起？至于那悠然的南山啊，却是一个长远的目标。人呢，可以兼善天下，也可以独善其身，要紧的是绝不可把这一生白活过去。

第三讲 爱己以至于爱人

原文

子贡问曰："有一言而可以终身行之者乎？"子曰："其恕乎？ 己所不欲，勿施于人。"

《卫灵公第十五 · 二十四》

释文

子贡问道："有以一个字，就足以表达出我们做人做事终身奉行原则的可能吗？"孔子说："大概可以用这个'恕'字吧？它的意义就是：你自己不想别人怎样对你，你就不要那样对人。"

原文

子曰："参乎！ 吾道一以贯之。"曾子曰："唯。"子出。 门人问曰："何谓也？"曾子曰："夫子之道，忠恕而已矣！"

《里仁第四 · 十五》

释文

孔子说："曾参啊！我平日所讲的做人做事道理，在实践上，其实都在坚持贯彻一个基本原则而已。"曾子回答道："是的。"孔子出去后，别的学生问曾子说："这话怎么讲呢？"曾子说："老师的道理，是要我们尽心竭力，从头到尾做好一个'恕'字就对了。"

原文

子贡曰："如有博施于民，而能济众，何如？ 可谓仁乎？"子曰："何事于仁，必也圣乎！ 尧舜其犹病诸。 夫仁者，己欲立而立人，己欲达而达人。 能近取譬，可谓仁之方也已。"

《雍也第六 · 二十八》

释文

子贡说："假如有人能广泛地为老百姓创造利益，而且又能适当救济需要特别照顾的弱势族群，这种行为怎么样？应合乎'仁德'的标准了吧？"孔子说："这何止是'仁德'，那应说是'圣德'了！连尧舜那样的人恐都还做不到这样圆满呢。一个实践仁道的人，如做到自己想在社会上立足，就想使他人也能够在社会上立足，自己想进一步对社会有所贡献，就想帮他人也能够进一步对社会有所贡献。这样能将心比心，就近以自己的需求来考虑到别人也有同样的需求，那可以说是一种仁道的最高目标了。"

孔子领悟到人生的真理可能难解，但我们人在世间却仍必须要持续追求生活下去的意义。这就是一种知其不可而为之的精神，而这知其不可而为之应以最和谐的方式来推动。孔子认为要合乎最和谐的方式，而又能表现出人的特质的概念，应就是一个"仁"字。

那"仁"可以用"爱护人"来做基本解释。

可是，所谓爱护人的标准又是什么呢？这或又还有待厘清的必要。仁要化而成为一种爱的行为，就一定要有明白的规范依据，否则你说你的仁爱，我说我的仁爱，那么到底谁才是仁爱呢？

譬如慈母之爱护子女，总是无微不至，为其排除一切人生的障碍，虽是无私，却易使孩子失去成长学习与磨炼的机会，那算是一种仁爱吗？又如一个贪官污吏，自肥了大把钞票之后，就说那可以使我更有劲去服务民众，使他们多得照顾，那这仍可叫做爱护人吗？心理分析大师弗洛伊德提到人有时会发生一种以假行为来掩饰真动机的心理现象，例如明明对某邻居毫无好感，却在其家中遭小偷时特别去关怀慰问，心中却可能正存着幸灾乐祸的念头，或明知某朋友正在节食减肥，却偏在她生日时送上一大堆名牌巧克力，存心胖惨她最好。那么这些是不是仁爱呢？

• 将心比心

孔子的学生里就有人又想到这个“仁”或者“爱护人”可能会有对错或真假的问题，那么我们在实践仁道的时候，应该如何加以判断呢？这就应该有个统一衡量的方法，而且应该愈简明愈好，否则在人与人间发生互动行为的时候，一有偏差，就不但失去对人投注关怀的美意，而且会使对方受到损失、造成伤害。于是某一天子贡就对老师提出心中的疑问。

《论语·卫灵公第十五·二十四》记下了这件事。子贡问曰：“有一言而可以终身行之者乎？”子曰：“其恕乎？己所不欲，勿施于人。”

子贡得到老师的指点，心中的问题应就解决了一大半。用这个“恕”字来进一步解释“仁”的行为，直到今天看来，也还是妥帖之至。再细一归纳起来，它相对于“仁道”的推展，至少有三项特色可言，那就是具体性、实用性和统合性。

先说具体性。

子贡所问的作为儒家核心思想的“仁”字，乃属于一种较为模糊的抽象概念。仁是什么，大家都多少有些了解，又难说清楚。虽然孔子后来又加上了一个“爱”字，但爱的行为却仍有其争议性，爱得是对是错、是真是假，我们应如何来衡量呢？

孔子对此的回答有两点含意。第一点，子贡希望最好只以一个字来表达，所以孔子首先便先提了一个“恕”字，以满足子贡的请求。但他当然也知道，这个“恕”字，是使子贡好记了，不过光强记恐怕又难真正发挥学习的效果，所以他接着又补充了“己所不欲，勿施于人”这句话，这样就等于像一位建筑师把“美丽的房子”的概念以具体的蓝图描画出来一样，把仁爱的这个概念描画了出来。由抽象的“仁爱”概念，转而以具体的一种“恕道”行为来加以实践，这个“己所不欲，勿施于人”就是这幢仁爱的美丽的房子的结构蓝图。

子贡问的是个人实践“仁”的问题，在如何实践“仁”的问题上，别人的看法无法可论，因为你就算自己省吃俭用，然后捐了很多钱给社福机构，也还难免会有人说你只是沽名钓誉，哗众取宠。所以孔子回答的也只是关于个人先求自我合乎“恕道”的行为，那就是“你自己不想别人怎样对你，你就不要那样对人”的具体准则了。

再说实用性。

我们刚才提到这个“己所不欲，勿施于人”，就像是一位建筑师把“仁爱”这幢美丽的房子，用蓝图具体地呈现了出来，但这个形容可能还不够尽意。也许我们应说，这个“己所不欲，勿施于人”的准则，应就等于是这位建筑师根本就连房子的模型样品屋都已经摆设出来才对。因为依照“你自己不想别人怎样对你，你就不要那样对人”的意义，其实质上已是完全与生活结合，像样品屋一样，让人一目了然，一看就懂了。这也就是说，除了具体之外，还有比这更实用的解释吗？而且这句话的实施范围、对象，在我们生活条件中无所不在，亦即我们日常的每一个行为，有哪一个是与这个环境、他人是绝对无关的呢？

不过话又说回来，也就因为这个能否多考虑别人感受的“恕”的准则，与一个人处理自己生活的意识形态密切相关，只要我们平时稍微留意一点，孔子要子贡常存“己所不欲，勿施于人”之心，事实上也等于要子贡把这个观念与自己的人格结合，使自己的思想行为得以稳定，那遇事就自然不致偏离“仁道”了。孔子这种明白以“将心比心”作为道德终极标准的思想，在西方哲学中其实也有多人如苏格拉底、圣托马斯、康德等持类似看法。

古希腊哲学家苏格拉底（Socrates）认为人既知对错，就不会不依其所知来行事。而为什么还有人作恶，就是其人根本还不明白对错的道理，没有建立起自己良心要求的缘故。中世纪的经院哲学家圣托马斯（St. Thomas）则认为所谓良心，就是一种“来自上帝使我们可以做出正确决定的原因”。而近世的德国哲学家康德（I. Kant）则更在比较了各种所谓道德准则之后，最后认为真正的道德法则确实无法由外在的限制来使其完善，而只能由个人心中一种无所不在的“无上命令”来约束自我才能达成。所以康德认为这世间唯有两件事最重要，而人就必须学会敬畏“头顶上灿烂的星空”与“心目中明白的道德准则”后，才能称作是一个真正自由自在的人。这也应就是达到子贡所求的“可以终身行之”的轻松愉快的境界了。

最后，我们讨论恕的统合性。

本来世间所有所谓伦理道德——不论是四维也好，八德也好，三达德也好，最终目的应都是在追求人生的合理和谐，而讲到人生的要达到合理和谐，又再没有比这个“仁”的项目更为中肯、彻底掌握重点的了。或许我们可以说，仁就是众德的最高品质，是所有行为评估的最后依据。无论哪一项道德概念内容，如果少了仁的成分，可能执行起来就会走样。

所以孔子亦说：“人而不仁，如礼何？人而不仁，如乐何？（《论语·八佾第三·三》）”，连行礼、奏乐，如果不先存着仁厚之心，那么所行的礼，所奏的乐就会缺乏和谐、平顺、诚恳、优美的内涵，而使人授受之间，失去真正享受的感觉。又说：“仁者必有勇，勇者不必有仁。（《论语·宪问第十四·五》）”，指出单纯的勇德有时可能会失诸鲁莽，但行仁德要爱护人却必须有相当平和而持久的勇气去面对有时或会遭遇到取舍间的困难。

“仁”或者说“爱护人”既是众德之首，所以子贡也希望能随时留意不要脱离这个最高理想的规范。现在孔子果然指出了这个“己所不欲，勿施于人”的“恕”就是最简明的原则，不但把儒家的“仁道”精神完全表达无遗，而且更加强了仁之所以可以作为所有伦理道德项目基础之统合解释的清晰程度。例如我们再以礼、义、廉、耻这四项德目来做说明，我们一讲到礼，就想到规规矩矩的态度，一讲到义，就想到正正当当的行为，一讲到廉，就想到清清白白的辨别，一讲到耻，就想到切切实实的觉悟。其实这所谓规矩、正当、清白、切实的最终标准原则，不也就是“你自己不想别人怎样对你，你就不要那样对人”便是了？孔子提了这个“恕”字，虽然是针对解释“仁爱”的意义而来，却又同时把其他伦理道德的执行标准都一并说明清楚了。

• 孔子的“自相矛盾”

子贡在孔子那里得到了“一言而可以终生行之”的道理后，心里踏实多了。过了几天，可能又发现还有些疑惑之处自己想不通。这些疑惑约有两项。

第一项是他很崇仰孔子只以一个“恕”字就涵盖了整个应终身实践的行为基本精神，但作为一个喜欢打破砂锅问到底的学生，他却也同时好奇老师从哪里得到这个可以放诸四海而皆准的道德原则。第二项是他很自然地记起在若干年前，他也曾与老师谈过这个类似“己所不欲，勿施于人”的行为要求。他记得当时与老师的对话是：“子贡曰：‘我不欲人之加诸我也，吾亦欲无加诸人。’子曰：‘赐也，非尔所及也。’（《论语·公冶长第五·十二》）”那他当时向老师报告自己要以“我不愿意别人勉强我去做的事，我也不愿意把同样的事勉强别人去做”作为自己的守则，老师却持否定的态度，说他做不到。那现在老师怎么又以类似内容的一句“己所不欲，勿施于人”的话，要他去做呢？

子贡不久后在另外一个场合里又有一次单独见到孔子的机会。孔子此时已在周游列国后回到鲁国老家，平时已不是很忙。于是子贡为老师及自己泡了茶，可能就借此机会向老师报告了从上次得到一个“恕”字以及“己所不欲，勿施于人”的指点之后，受益良多。这一阵子他依照着这个原则做事，果然在实践“仁”方面得心应手，减少了很多得罪人或自己做了又后悔的结果。

这样谈了一两个小时，子贡该报告的已说完了，可是还不肯走，因为他主要想问的还没问。子贡当然也知道这两个问题有些敏感，怕提了老师会不高兴。子贡有一搭没一搭地谈着“恕道”及一些其他有关求学及周游列国时的过往琐事。孔子看着眼前这位追随自己多年的学生，这时因已是孔子晚年的阶段，老人家本就特别容易产生感怀的情绪，而子贡说话中可能又有提到颜回、冉耕、仲由、孔鲤等已故同学留下的旧事，孔子与这些长期追随过自己的学生本来就情谊深厚，孔鲤还是自己的独子。每一想及这些得意弟子竟都英年早逝，老人家可能都会难过地想到是不是老天在跟他开玩笑（《论语·先进第十一·八》：“颜渊死。子曰：‘噫！天丧予，天丧予！’”），然后说着说着，子贡又难免对老师提到一些过去或现在的各国当权者的施政得失，当然是他不齿的人居多，而配合向老师报告实践“恕道”的心得主题，他就认为这些当权者之所以不能把国家治好，问题就在于私心太重，不懂得“己所不欲，勿施于人”的缘故。

子贡讲到这里，愈来愈激动，孔子心情也愈来愈沉重，想到自己一辈子知其不可而为之，到处推动仁民爱物、世界大同的理想，效果却正如子贡所说的十分有限，现在自己已到了晚年，有些弟子更是已先自己而去。浊世滔滔，混乱无已，但事情却显然还是要继续“为之”才好，弟子三千以后必须有些最能掌握自己思想的人来接棒。

刹那之间，孔子脑中千回百转，是该做个决定的时候了。孔子想着，于是缓缓收起笑容，目光却更紧紧盯住子贡，然后怃然长叹了一声，本来微笑的脸庞也随之凝重。子贡蓦然惊觉，知道老师又有话要交代了，但不知老师要说什么，因为老师所展露的是一种似从来没有过的严肃神色，使得子贡不由自主地把自己坐着的姿态稍端正了一下，等着老师开口。于是两人之间又产生了另一段重要的对话。

这段对话记载在《卫灵公第十五·二》中，子曰：“赐也，女以予为多学而识之者与?”对曰：“然，非与?”曰：“非也，予一以贯之。”这段对话很可能就此成了儒家道统传承的依据。我们且来看看孔子在这里面表达了何种意义。

“端木赐啊。”孔子终于说话了，一开口便直呼子贡的名字，“你刚刚在向我报告这阵子实践恕道的心得，我都很高兴，很赞同。你是不是同时也在想着这个‘恕’字，包含的范围很广，境界很高，兹事体大，那一定是我从研究了很多有关的学说理论之后，所得出来的了不起大道理了?”子贡一听，这正是自己心中所想的一件事，被孔子轻轻松松地点破了。可能先愣了一愣，但也连忙照实回答：“对啊，这个那么高深超越的道理，应该就是老师的心血研究所得的结果，难道不是吗?”孔子听了点点头，又摇摇头，然后又露出了一抹笑容，子贡一时不知老师要告诉他什么，又不敢径自再接话。

这样停了一会，孔子又开口说：“端木啊，其实不是这样的。要了解这个恕道，就是一句‘己所不欲，勿施于人’而已，那能算是什么高深的学问呢?不过话又说回来，这个‘恕’字就难在不能只做一天两天，而要能终身从头到尾贯彻遵行，我自己就是这样一路走过来的，现在把这道理告诉你们，希望你们不要辜负我的一番心意才好啊。”

孔子这样交代，意义当然很清楚了。其重点或许有三。

第一点应是先直接解开子贡的第一项疑问，即说明这个恕道其实并不是什么了不起的大道理，不必先有什么高深的学识基础才能了解。

第二点是间接回答子贡的第二项疑问，即这个恕道虽不难懂，却贵在要能坚持贯彻做到，如光嘴巴说，是不能算数的。这个道理，其实孔子在《论语·为政第二·十三》里也曾对子贡提过：“子贡问君子。子曰：‘先行其言，而后从之’。”也是同样提醒子贡切勿言过其实的意思。

然后第三点，是孔子对子贡的一种结论嘱咐，也就是最后殷切地再强调说：“端木啊，我的一贯之道以后就靠你们了。”子贡凛然受命，对自己的责任要求亦随之更提高。后来孔子逝世后，众弟子守墓三年，唯子贡守墓六年，这也是对老师的一种无上尊崇的敬意了。

• 吾道？考试中的关键一题

孔子对子贡作了传承的嘱咐之后，心里比较轻松了。可是孔子的弟子三千，单以子贡一个人来作代表是否能致周全呢？孔子又思考这个问题。于是过了一段时间后的某一天，孔子又作了另一个重大的传承决定。上一次是认定子贡，这一次则是公开实施了一次考验选拔。

这次的候选对象是曾参。但为何孔子以子贡为代表即直接认定，而对曾参则又再加考验呢？原因之一，当然是孔子对门下的优秀学生都已有相当深入的了解，知道子贡和曾参都是堪当大任的人才。原因之二，应是子贡小孔子三十一岁，已追随孔子多年，平时表现已有口碑，孔子一指定，大家都不会有意见。曾参却比孔子小了四十六岁，是新加入孔门没有几年的学生，同学中比他资深的多的是，孔子若贸然径自指定他为传承的代表，恐怕不服气的人就多了。于是孔子就在某次课堂上当众对曾参作了一次抽考，使他有机会表现出他的学识能力，使其他的同学都能口服心服。

这件事记在《论语·里仁第四·十五》里。子曰："参乎！吾道一以贯之。"曾子曰："唯。"子出。门人问曰："何谓也？"曾子曰："夫子之道，忠恕而已矣！"

这次对曾参的突击抽考，平静而精彩。孔子就在某次讲堂讨论课时，可能先安排了几位学生做研究报告，然后研究报告的最后一个正是曾参。

曾参向来用功，报告当然很扎实，曾参站在讲台上报告完毕之后，孔子先做一番讲评，夸奖他报告得很出色。曾参当然欢喜，一面谢谢老师，一面收拾报告的资料正要回座，却不料孔子突然把他叫住说："曾参啊，我记得你好像才来跟我求学没几年，但从今天的报告里，我发现你似已很能掌握我平时所教你们的立身处事道理了，你学习进步得确实很快。今天我想了解你学习的深度，我现在只问你一个重点问题，就是我平日所讲的立身处世道理，其实都只在坚持贯彻一个基本原则而已。你知道那是什么吗？”

孔子问完，曾参也正把资料收好，神色自若，恭敬地回答孔子说：“报告老师，我明白的。”孔子一听，高兴极了，一切正如他所预料的，曾参这个学生个性忠厚老实，读书又能如此掌握学以致用的原则，看来自己可以完全放心了。于是孔子宣布下课，面带着十分愉快的神色走出讲堂。

老师一出讲堂，尚未待曾参回到自己的座位，其他的同学就围上来了，大家可能都看不大懂孔子与曾参之间到底最后互相在传递什么信息。有人立即急着问：“喂，曾参，老师在跟你打什么哑谜呀？”曾参却仍保持他一贯平和的态度，不慌不忙地回答同学的疑问说：“老师刚刚说的是，他要求的是我们尽心竭力做好‘己所不欲，勿施于人’这件事就对了。”

曾参真是善解人意，难怪孔子一听他毫不犹豫，气定神闲回答“明白”，就知道他确已百分之百了解他所谓坚持贯彻的一个基本原则是什么，也就放心地不再多问了。而稍后曾参回答同学的追问却又堪称一绝，因为他不但立即说明老师的一贯之道就是个“恕”字，而且又以自己学生的立场发挥加上一个“忠”字，完整的意义就是说，我们做学生的，除了完全接受老师所教“己所不欲，勿施于人”（恕）的基本原则之外，我们还必须要以“尽心竭力”（忠）的态度，来遵行到底。

所以曾参稍后还有两段表明心迹的话，分别记在《论语·学而第一·四》及《论语·泰伯第八·七》里。

第一段是，曾子曰：“吾日三省吾身。为人谋而不忠乎？与朋友交而不信乎？传不习乎？”第二段是，曾子曰：“士不可以不弘毅，任重而道远。仁以为己任，不亦重乎！死而后已，不亦远乎！”说明了他认为作为一个读书人，尤其是孔子的学生，就一定要每天检讨遵行这个“已所不欲，勿施于人”的仁爱基本守则，至死方休了。

至于子贡，在孔子交代完曾参之后，也还另与其再发生了一段对话，我们也必须在这里提出来，以使孔子的恕道精神，能更完整地清楚表达。

这段对话在《论语·雍也第六·二十八》里，“子贡曰：‘如有博施于民，而能济众，何如？可谓仁乎？’子曰：‘何事于仁，必也圣乎！尧舜其犹病诸！夫仁者，己欲立而立人，己欲达而达人。能近取譬，可谓仁之方也已。’”

这应该是在孔子把自己的一贯之道嘱咐给子贡，子贡敬谨接受，而且每天更努力检讨自己及思考怎么样可以把这个“己所不欲，勿施于人”的原则做得更好之后，某天他又想到一件事，自己觉得没有太大的把握来做解释，于是就又去向老师报告说：“老师，你告诉我们说，一个人只要实践‘己所不欲，勿施于人’的恕道精神，就已合乎行仁的爱护人标准了。现在我想到一种情况，那就是假使有人能广泛地为老百姓创造利益，而且又能适当救济需要特别照顾的弱势族群，这种人的行为好像与单纯‘己所不欲，勿施于人’的定义不太相合了，那我们仍把这种表现归属于爱护人的仁道行为吗？”

孔子一听，子贡竟然问出这样有水平的问题来了，于是露出灿烂的笑容，高兴地回答说：“好个子贡，你问得好极了。我也正准备要和你谈这个问题，又怕你一时无法奉行这个‘恕道’的更进一步道理，所以才还没说。你刚刚讲的那种行为，何止是合乎‘仁’的要求，简直已是超越到成为‘圣人’的标准了。我告诉你们的恕道从‘己所不欲，勿施于人’开始，只要能做到消极的持之以恒，凡事考虑对别人的关心，就已经合乎有仁德的君子条件。我本来对你们的基本要求，也不过是这样而已。至于你另外提出来的恩泽广被众民的行为，那已是达到一种更高层次的‘圣人’境界！连尧舜那样的人恐都还做不到这如此圆满呢。但这却是仍由‘己所不欲，勿施于人’所衍生出来的没错，却已提升成为一种‘己欲立而立人，己欲达而达人’的仁道积极行为，也就是说已进一步考虑到‘如自己想在社会上立足，就会想使他人也能够在社会上立足，自己想进一步对社会有所贡献，就会想帮他人也能够进一步对社会有所贡献’。这原则上仍属将心比心的一种‘恕道’行为，即‘你做一件有意义的事情时，不想别人冷漠以对，那么在别人做一件有意义的事情时，你也就不要冷漠以对，而应伸手帮忙，以助其成’。这样就近以自己的需求来考虑到别人也有同样的需求，那可说是一种仁道的最高目标了。”

子贡这样一问，孔子这样一答，儒家的一贯之道就更清楚了。

简单地说，也就是“己所不欲，勿施于人”说明孔子以成为君子作为人生基本目标，而进一步如做到“己欲立而立人，己欲达而达人”则是达到圣人境界的最高目标了。这种想法，现代美国人本主义心理学家马斯洛（A. Maslow）也认为凡是人，应都有一种“自我实现”希望能把自己的潜能充分发展的倾向。自我实现却又有两种类型，一种是健康型的自我实现，任何人经过正常努力便可做到，另一种则是超越型的自我实现，却是只有少数人而且要非常努力有重要贡献才算做到。这个意义，也就类同君子与圣人，“穷则独善其身，达则兼善天下”（《孟子·尽心上》）的层次差别了。

孔子相继交代了子贡和曾参两人之后不久，可能只是一年左右便辞世了。接下来，果然子贡和曾参对儒家学说的继续发扬光大分别作了相当显著的贡献。

先说曾参。他忠厚内敛，是一个典型的读书人。孔子过世后，他就继承了老师的教育和研究工作，后来编著有《大学》等重要儒家经典文献，把儒家的思想继续做了更深入的诠释、发挥。孔子的孙子孔伋（子思），则受教于他的门下，后来也编著有《中庸》等书。接下来还有一个重要人物孟轲，则是孔伋的再传弟子，著有《孟子》一书，更为儒家的理论又充实了不少内容。而他在书中所提“强恕而行，求仁莫近焉”

(《孟子·尽心上》)，说要达到“仁”的境界，就没有比努力推行“己所不欲，勿施于人”更好的方法，这“强恕”两字，其实和曾参的“忠恕”两字，意义一致，都是要我们终身奉行孔子的一贯“恕”道的一种表达。

再说子贡。他是一个比较多才多艺，兴趣广泛的人物。除了追随孔子读书之外，子贡对从政、经商也都很有心得。孔子之后，他短暂在鲁国和卫国做了几年官，位至卿相，然后又辞官从事国际贸易。子贡虽然改行经商，却在生意上仍坚持其先义后利的诚信“恕道”精神，成为后世所谓“儒商”的鼻祖。而且因此规模愈做愈大，累积赀财至富可敌国，与各国国君都很有交情，与他们往来都可以平起平坐。

然后子贡运用了他庞大的政治与经济势力，对儒家学说也做了很大推广。司马迁在《史记》里就特别强调：“使孔子名布扬于天下者，子贡先后之也。”意思即是说：“孔子的思想之能够广被天下，就是因有子贡在孔子生前死后，不断在人前人后努力宣扬的结果。”儒家如果少了曾参和子贡这两个人在孔子之后接续传道的话，其后续的影响，无疑是会大打折扣的。孔子最后择定这两位作为自己的传人，是又一种知人的睿智表现。

于是，孔子之道的一贯体系以完整的面貌呈现出来了。也就是孔子从知其不可而为之开始，然后期盼以和谐的方式来解决这世间上各种纷扰的问题。那最能表达人与人之间和谐互动的概念应即是一个“仁”字。仁就是“爱护人”的行为。衡量一个人是否真正做到爱护人，就要看他表现爱护人的行为时，是否已合乎“恕”的标准。这个恕道就是“己所不欲，勿施于人”。但是这个恕道要做起来却不能只做一天两天敷衍了事，而是要尽心竭力、终身奉行才能算数，而一个人如能够因此为这个世界带来深厚的影响则更好。这应就是孔子之所以强调吾道一以贯之的道理所在了。

第四讲　接受异己的存在

原文

子曰："君子不器。"

《为政第二·十二》

释文

孔子说："人是意志自由的，我们要知道人与单纯的器具不同。所以君子不可把人只当成器具来使用，更不可被人只当成器具来使用。"

原文

子曰："攻乎异端，斯害也已。"

《为政第二·十六》

释文

孔子说："人是意志自由的，每个人的意志、思想都是独特的，没有两个人对一件事物的看法会完全一致。所以我们必须尊重他人的言论自由。如果随便因有人与自己的意见不同就加以攻击，那是很不妥当的做法。"

孔子认为我们人的意志是自由的，可以做出自己人生的选择。在两千五百多年前，知识尚未普及的封建时代里，孔子就已有这样高明的思想，实在令人惊讶。

因为人生而可以自由，一直到近代19世纪末、20世纪初，存在主义哲学出现后，才算是一个比较确定的观念。以前漫长的神权及君权社会里（中外皆然），原多认为人生是卑微的，其价值和意义必须经由威权才能获得，自己的命运操纵在各种威权手中（从上帝到君王到任何可能影响自己生活的人及环境)，自己的一切都要仰赖别人给予，这是一种人生他决的理论。存在主义却提出了相反的论点，认为人生是尊贵的，大家在这个世间，一开始都平等以个人的资格存在，每个人起先都等于是白纸一张，然后接着一生的价值和意义都要由自己选择决定，自己的命运掌握在自己的手里，这乃是一种人生自决的理论。

而孔子不但早就已掌握了意志自由的思想，大大地提高了人的地位，还为人指出了一个理想的人格模式，那就是在我们意志自由的选择之下，人人都应该以成为一个君子为目标。一个君子的行为要合乎“仁”的要求，这个仁的要求就是要先从尊重自己及尊重他人做起，是一种“己所不欲，勿施于人”的恕道精神表现。这个恕道也就是孔子强调我们应持之以恒，一以贯之的“吾道”。他认为只有如此才能在自由意志之下做好将心比心、互重互助的君子之道，那就是可以达到社会和谐及世界大同的不二法门了。

• 君子不成器

现在我们来讨论什么叫做君子以及君子之道为什么可以影响社会和谐及世界大同。

首先我们要提的是《论语・公冶长第五・四》及《为政第二・十二》的两段话。

第一段是：“子贡问曰：‘赐也何如?’子曰：‘女器也。’曰：‘何器也?’曰：‘瑚琏也。’”

第二段是：“子曰：‘君子不器。’”

这两段话都提到了一个“器”字。从字面上来说，第一段话似是对器的肯定，而第二段话则似是对器的否定，这同一个字为什么孔子作了正好相反的形容使用？因为第一段话的“器”字与意志无关，只涉及一件器具的用途，而第二段话的“器”字则与意志有关，讲的已是人与器的分别。也就是说，人是有个人意志的，而器，不管是哪一种器，就器论器而言，是没有自我意志之可能的。孔子就是在这个不同的立场上分别谈的这个“器”字。现在我们就试把这两段话依这个原则来做一个较深入的白话表达。

第一段说的应是：“子贡向孔子请问：‘老师，你可不可以告诉我，你对我端木赐有怎样的看法呢？’孔子回答说：‘很不错呀，你已算是成器的人才了。’子贡又问：‘老师，你说我算是成器了，那你认为我成了怎么样的一种器呢？’孔子说：‘你应该是成了那种属于宗庙里祭祀行礼用的玉器了。’”

第二段说的应是：“孔子说：‘人是意志自由的，就这一点来说，人之为人，是与单纯的器具不同的。所以一个有道的君子绝不可把人只当成器具来使用，更不可被人只当成器具来使用。’”

这样看来，孔子应是将人的意志分为两个不同阶段来处理。第一个阶段，人要在社会上立足，就先要“成器”。大器也好，小器也好，总之先要做个有用之材，这是纯粹以器具的物性而言，与个人的人性意志关系较少，你成为一个瑚琏固然好，或成为一个茶杯也是不错的。孔子在这里说子贡是瑚琏之器，当然是一种赞美，瑚琏的层次及价值高于茶杯，但本质上两者都是缺乏自我意志的，虽然有用，其功能却是不能自选的，亦即瑚琏原则虽是用来装重要祭祀物品的礼器，茶杯是用来装水的普通家庭用具，这是正常的用途，但如果有人硬要把瑚琏或茶杯用来盛不好的东西又怎样呢？我们也许说是糟蹋，但瑚琏和茶杯还是得任人摆布，无法拒绝。

世间所有的器物皆然，虽然有用，却无法自我决定用途。

而人则基本上是具有不受他人控制的条件的，虽然在第一阶段先求成器，却绝不可永远停留在只问功能不论目的之物性状态。这应就是孔子所说“君子不器”的人性自由意志的第二阶段了。人在成器之后，不管是瑚琏也好，茶杯也好，都有了较固定的功能，就好比一个人出仕为官，或者有了其他社会角色工作一样。但接下来，关键的问题是，不论哪一行哪一业，不论所负责任的轻重，影响所及的大小，却都必然有为善也有为恶的机会。于是孔子认为，这个时候，一个人，尤其是一个君子，就必须要考虑到有些事应该做或不应该做的问题了。在黑白是非当前的时候，人就不能一味只停留在工具性的阶段，而必须要做出人之为人的正确选择才对。

说到这里，也许我们再提出另外两段《论语》上的文字会使“君子不器”的意义更明白地表达出来。

第一段是：“子曰：‘君子之于天下，无适也，无莫也，义之与比。’”（《里仁第四·十》）

第二段是：“子曰：‘君子易事而难说也，说之不以道，不说也，及其使人也，器之。小人难事而易说也，说之虽不以道，说也，及其使人也，求备焉。’”（《子路第十三·二十五》）

这两段文字正好把我们现在所讨论的君子与意志自由以及与器物的关系又再作了更深入的说明。

第一段的意思应是：“孔子说：‘一个君子对于这世界上的事，没有一定要怎样处理，也没有一定不要怎样处理，关键的是只求做得合义理。”

第二段的意思应是：“孔子说：‘一个君子是容易共事的，却难以讨他喜欢，因为如不以合理的方式来使他喜欢，他是不会喜欢的，而他任用一个人的时候，是纯然以那个人是否适合该项工作的条件来做考虑的。但一个小人，是难于共事的，却可以轻易地讨他喜欢，因为他缺乏原则又不管合不合理，只要巴结就可以让他喜欢了，而他在任用一个人的时候，就不论那人的资格能力如何，形式上只要备位，但求可完全配合自己就行。’”

这两段话综合起来有四项意义：（1）人当然也是器物的一种，但人又与纯粹的器具不同，是属于有自由意志的器。（2）处事能够把自己的意志依合情合理的方式来作选择决定的人就是君子。(3)君子因为做事情有一定的原则，不必考虑去配合其特殊要求，所以很好共事，也因此不容易在彼此之间发生某一个人特别喜欢哪一个人的现象，如果说喜欢，那也是一种符合道理的喜欢，那是共同性的。反过来说，小人因为做事缺乏一定的原则，就比较需要人去配合他的特殊要求，所以就不易共事，并因此又造成一旦某个人能揣摩、讨好他的时候，他就特别易于合作的现象了。(4)从共事的选择性开始，到君子与小人任用一个人的标准，可以看出，君子任用一个人因无特别喜欢不喜欢的因素，所以是以合理的方式，来对人作出是否适才适所的衡量。而小人则不管合理不合理，是以主观的立场，光看某人是否能讨自己喜欢而定，不管资质是否符合要求，只看那人能否无条件配合听话。

孔子崇尚君子。君子必须先是有用之器，但又绝不是任人摆布之器。这个道理，不但是论语，其实在儒家有关的经典思想里都是一致的。

例如在《礼记·学记》里，就也有一段更明白地表达了君子在器与不器之间的微妙关系。记的是："君子曰：'大德不官，大道不器，大信不约，大时不齐。'"这段话的意思应是："真正的德行自有其原则性与实践性，是绝非任何职务、阶级所可以限定的；真正的道理自有其原则性与实践性，是绝非任何威权所可予以摆布的；真正的信守自有其原则性与实践性，是绝非任何文字、语言所可予以规范的；真正的时序运行自有其原则性与实践性，是绝非任何人力所可以控制的。"原则性指的是有用的物性，而实践性则指的是人与德行、道理、信守、天时结合之后所做的意志自由决定。所以一个人若能做到有用且能把自己有用的才能合理地运用在社会上，那就符合君子之道的要求了。

• 化解孔子的尴尬

意志自由不但给了一个人无穷发挥的余地，而且还是人类社会之得以永续进步的最主要条件。我们人类历史迄今所谓最理想的民主政治制度，追究起来，应就是一种人与人彼此尊重意志自由而产生的结果。我们来看看意志自由与民主政治的关系。

我们既知人是意志自由的，但问题又来了，因为每一个人基本上都是一个独特的个体，世界上没有任何两个人的外貌会完全一致，所以也没有任何两个人的内心会完全一致。这也就是说，任何个人，他所做的任何意志上的决定，多少都会与其他人有所差异，甚至形成相反的意见，那这怎么办？孔子显然也注意到这个问题，而且他一贯以和谐为主，坚持“己所不欲，勿施于人”的原则，有一段话表达了他的态度。

这段话记在《论语·为政第二·十六》：“子曰：‘攻乎异端，斯害也已。’”意思是：人是意志自由的，每个人的意志、思想都是独特的，没有两个人对一件事物的看法会完全相同。所以一个人必须尊重别人的言论自由，这和一个人也希望别人尊重他的言论自由一样。如果随便因有人与自己的意见不合就加以攻击，那是很不妥当的做法。

孔子的思想高明豁达，在当时那样封闭的社会就已有如此先进的观念，实在难得。而且这还不是唯一的证明，类似的表达，在《论语》里几乎俯拾皆是。

我们且再举三个例子。

楚狂接舆，歌而过孔子，曰：“凤兮，凤兮！何德之衰？往者不可谏，来者犹可追。已而，已而！今之从政者殆而！”孔子下，欲与之言。趋而辟之，不得与之言。（《微子第十八·五》）

子之武城，闻弦歌之声，夫子莞尔而笑曰：“割鸡焉用牛刀？”子游对曰：“昔者，偃也闻诸夫子曰：‘君子学道则爱人，小人学道则易使

也。’” 子曰：“二三子，偃之言是也，前言戏之耳！”（《阳货第十七·四》）

子绝四：毋意，毋必，毋固，毋我。（《子罕第九·四》）

先看第一例的白话释文。楚国的狂士接舆与孔子在路上不期而遇，他走过孔子的车前唱起歌来：“凤凰啊，你孔先生正像一只凤凰那样出众啊！但你的德行又不如凤凰那样的完整洁净。因为凤凰有道则现，无道则隐，而你却不管时势如何还硬撑下去。过去的事不提，现在你应该好好考虑是否该放手了。算了吧，别再枉费力气了，当今在政治上有权势的那些人都是眼光短浅、心机险恶，你别再天真有所期望了。”孔子听出他歌中的含意，赶忙下车想向他请教谈谈，他却一转身就躲开，孔子终未能与他说上话。这一例的意思首先便表示了孔子对与自己不同的思想言论的包容。凡是人，都是意志自由的，世上有多少人，就会有多少不同的意志和思想，差异有大有小而已，大家对某一观点可以讨论，却很难去全盘肯定或否定。孔子也是抱的这种态度，所以听了接舆先生的话，就想与他再深入谈谈，大家再沟通沟通，也许孔子可以再从接舆的想法中得到些启发，或是接舆最后被孔子说服，从隐士改变，成了儒家的一分子也不一定，真理愈辩愈明呀！

所谓言论自由，近代法国学者伏尔泰（F. M. Voltaire）有一句话说得好，那就是：“我虽完全不同意你的说法，但我誓死维护你说话的权利。”其实保障别人说话的权利，也就等于保障自己说话的权利，这不又正是“己所不欲，勿施于人”的精神体现吗？

再看第二例的白话释文。孔子到他学生言偃担任地方官的武城作客。言偃带着孔子到处参观游览，到了一个普通民众聚集的地方，居然看到一群人在那里弹琴唱诗歌。孔子听着微微一笑说：“太做作了吧？教育乡民这等小事，怎么要动用礼乐这种大阵仗呢？”言偃在旁向孔子解释说：“报告老师，我这是依照你的教示做的呀。因为你告诉过我：‘教育无所谓选择对象，一个君子多受好的教育方式内容，就会更能发挥爱护人的行为德性，而一个普通人多受好的教育方式内容，起码也能做到更配合道理规矩的要求呀。’”孔子一听，自知失言，连忙对言偃及其他陪伴的人鞠躬致歉说：“对不起各位，刚刚我讲错了，言偃所说才是对的，抱歉我开错玩笑了。”

这一段故事表明了孔子对言论自由态度更进一步的深入了解。因为不但两个人所说的话不可能完全一致，就是同一个人所说的话，也常会有前言不对后语的情形出现。既然前后说法不同，那就至少其中一次有问题了，有问题就坦荡承认，不强词夺理。这就是孔子在言论自由方面的胸怀宽阔的表现。

最后看第三例的白话释文。孔子对尊重言论自由态度的结论为：“他不凭空揣测，不绝对肯定，不顽固，不先入为主自以为是。”因为如前两例所示，没有谁的说话是一定正确的，甚至同一个人前后所说的话都会有出入。了解这个原则之后，孔子要我们不可随便去攻击别人和自己不同言论的意思就更清楚了。

• 与“异端”切磋

“攻乎异端，斯害也已”的“异端”两字，在孔子的使用原意上应是一个中性名词，无所谓好坏，纯粹指的是不同的看法而已。这在《论语·子罕第九》的另一段话中可以看得出来。

子曰：“吾有知乎哉？无知也。有鄙夫问于我，空空如也。我叩其两端而竭焉。”白话翻译则为：“孔子说：‘我有学问智慧吗？没有的。有一个想弄清楚一件事是非对错的乡下人来请教我，我也只能不预设立场从头开始，把这事的正反两端利弊尽量为他解说而已。’”孔子诚恳负责，自己懂多少就说多少，不随便下定论。光一个“仁”字或“礼”字，他就不知有多少解释，视对象程度、背景不同，他就以不同的方式来加以引导，使人逐步加深了解其中的含义。

这种与人切磋或是教学的方法，西方的苏格拉底也很善于使用。他通常不对一个问题提出直接的答案，而只是会提出很多正反面的可能性让问的人自己去找寻最接近真理的答案。苏氏还特别称这种方式为“助产教学法”。就是说最后结论（胎儿）是你自己的，我不过引导协助你把结论催生出来而已。苏格拉底常被比喻成“西方的孔子”，这东西方两大圣人，确实有很多特点都类似。

所以，伟大的思想家都知道“没有谁的理论是唯一正确的”这回事，包容最重要。可是孔子起先说“异端”，原本只是指一种不同的意见，后来却不知怎么这个词变成有些负面的含义，好像“异端”就是错的，这就不是孔子的原意了。

这种变化在《论语》里也还有其它的例子，譬如在《公冶长第五·二十一》的一段。子曰：“宁武子，邦有道则知，邦无道则愚。其知可及也，其愚不可及也。”孔子感叹称赞卫国大夫宁武子说：“宁武子这个人真了不起。他在国家政治清明上轨道的时候，就尽量表现才智，出力把国家治理好，但在国家政治混乱无道的时候，他又能装成愚蠢无能的样子，远离政事，明哲保身。他那种贡献才智的做法，别人还可以学得到，但那种装傻免招是非的做法，却不是别人能赶得上的呀。”在这些文句里，孔子所提的“愚不可及”一词，原来是称赞人“大智若愚”，但不知怎么的，现在都演变成说人“笨到无法想象”的形容词了。

于是，“攻乎异端，斯害也已”一句话，本来是孔子要我们尊重他人的言论自由之意，后来可能因为适应统治阶层的运用，使思想定于一尊，所以变成只有威权所认定的思想才是正当的，而与所谓正当的思想不一致的，自然就属于不正当了。于是“异端”就成了负面的一种代名词，然后再说“你不学习我告诉你的正当的思想，而去学习别的不正当的思想，那是很有害处的”。这种做法，就等于是先定罪，再审判了。

现今，我们都已知道民主政治应是迄今为止最先进优良的政治制度，而民主政治不论在字面上、在内涵上指的都是“一个政策的形成，要尽量容纳每一位老百姓的意见”。所以政治学者大致都同意要做到尽量容纳大家的意见，那么“言论自由”就应是最基本关键的一个条件。因为如人民都因害怕成为异端而不敢说话，那还谈什么要老百姓做主呢？一个国家要实施民主政治，首先就必先要从尊重国内每一个人的言论自由开始，然后才可能有后续的选举、代议、人民有权、政府有能、民意调查、人民知情的权利、新闻传播自由等实质的“主权在民”做法出现。

孔子的思想真的是相当具有超越性，他提到“攻乎异端，斯害也已”这句话的时候与当时的政治形势是扞格不入的。甚至后来汉朝的董仲舒如果真弄清楚了这句话的意思，说不定也就不会向汉武帝建议“罢黜百家，独尊儒术”了。孔子侥幸逃过一劫，在稍晚的孟子就没有那么好运，他因说了“民为贵，社稷次之，君为轻。”（《孟子·尽心下》）这句话，便被明太祖朱元璋把他的牌位赶出了文庙一段时间。民主和极权的差异，也就是容忍与不容忍而已。

回过来就事论事，其实只有对自己的话没有把握的人才会对别人的话无法包容。孔子应是对自己的思想和行为都具有相当信心的，且无论如何，他同时也明白别人的看法绝非一无可取，甚至比自己更完美都不一定，哪有定于一尊的道理呢。思想和知识是人类所独有的精神食粮，是我们在追寻人生道理时须臾不可离的，而且我们还不能固执偏废，例如我们现在佩服儒家，或可将儒家思想作为精神主食，却绝不可因此就拒绝任何其他食粮，因为这种极端的偏食方式只会造成一种结果，那就是营养不良。

第五讲 何为一国之公民

原文

子适卫，冉有仆。子曰："庶矣哉！"冉有曰："既庶矣，又何加焉？"曰："富之。"曰："既富矣，又何加焉？"曰："教之。"

《子路第十三 · 九》

释文

孔子到卫国去，冉有替他驾车。孔子说："卫国人口众多啊！"冉有说："人口众多了，进一步要为人民做什么呢？"孔子说："要使他们富足安居乐业啊。"冉有说："人民已富足了，那进一步又要做什么呢？"孔子说："要教化他们啊。"

原文

子曰："兴于诗，立于礼，成于乐。"

《泰伯第八 · 八》

释文

孔子说："老百姓的基础公民教育，主要靠诗、礼、乐这三个修养项目。一个人的知识基本课业，应由读诗开始，接着将礼仪作为在社会上立足的基本课业，然后再学习音乐等艺术课业，以将个人的内在知识和外在的礼仪结合，以音乐般优美和谐的方式，表达出一个成熟公民应有的完整情操。"

原文

子曰："民可，使由之，不可，使知之。"

《泰伯第八 · 九》

释文

孔子说："老百姓如已具备诗、礼、乐这三项公民基本能力，就可以让他们多管理自己的事了，但若老百姓尚未学好时，那就还要继续教导，使他们能够真正懂得做一个公民应有的自治条件才好。"

原文

子曰："好勇疾贫，乱也。人而不仁，疾之已甚，乱也。"

《泰伯第八·十》

释文

孔子说："作为公民，还应有安贫和守仁之心。如果一个人很肯做事，却对清淡生活太敏感，那他使用公民权时就容易出乱子。又如一个人缺乏己所不欲勿施于人的同理心，自私自利到了病态的地步，那他在使用公民权时，也容易出乱子的。"

亚里士多德说："人是政治的动物。"

孙中山说："政治就是管理众人的事。"

这些话应都表明了凡是人，就免不了政治的干预，也免不了要对政治干预。因为政治代表了所有人民权利与义务的总汇，而事实上没有任何人会对自己的权利义务缺乏兴趣。故所谓政治，先天本就有全民性的因素，属于国民全体，而其他任何在政治上一时或拥有某种程度权力的"执政者"，都不过是只具不同形式"代理人"的身份。

一个国家的政权，不论怎么走，不管如何迂回曲折，最终必然回到人民手里，这应就是民主政治的真义了。

孔子应也是民主政治的认同者。在当时仍属封建专制的社会形态之下，就已经对民权意识有相当的了解，而且还提出了一套如何由封建专制转型为民主社会的和谐渐进式办法。

•德治的科目课程表

儒家的核心思想就是一个“仁”字。这个仁字用在政府与人民的关系上，就是一种“仁政”和“德治”的观念。

“仁”代表了最和谐的人际关系。仁政就是施行一种最和谐的政府与人民关系的制度，而德治则是如何使仁政成为一种经常性和长久性的方法步骤。

孔子认为仁政是任何一个当政者都必须做的，不限于一时一地，应要做到透彻才好，随着仁政而来的条件就是“德治”。《论语·为政第二·一》记下了这段话：“子曰：‘为政以德，譬如北辰，居其所，而众星共之。’”孔子首先就借这段话表明了“执政的人，在推行政务时，应以促进品德教化来配合，而且要由自身切实做起。好像北极星一样，自己奠定了榜样，大家跟着做，就可以不脱轨道而长治久安”。

那仁政和德治如何互相搭配着来做呢？于此《论语》在《子路第十三·九》又记下了另一段对话：“子适卫，冉有仆。子曰：‘庶矣哉！’冉有曰：‘既庶矣，又何加焉？’曰：‘富之。’曰：‘既富矣，又何加焉？’曰：‘教之。’”这段对话意为：“孔子到卫国去，冉有替他驾车。孔子说：‘卫国人口众多啊！’冉有说：‘国家人口众多了，政府进一步要为老百姓做些什么呢？’孔子说：‘要使他们富足不愁衣食啊。’冉有说：‘老百姓已富足了，那进一步又要做些什么呢？’孔子说：‘要教化他们充实自己成为合格的公民啊。’”

仁政是当然要做的，不过仁政还是具有人治的因素，当政者随时可以说变就变，甚至把暴政硬说是仁政，你也拿他没办法。于是孔子就认为仁政推至最后，要求的是执政者要凭道德良心，带领、教育百姓民主自治的能力，亦即最后应把政权还给人民，使人民终能自己管理自己，如此仁政才得成为不变的常规，不论谁来当政都可远可久了。

可是孔子又意识到以德治来达成终极仁政虽是一种合理的途径，却绝不是一蹴而就的方便办法。因为民主虽使人向往，但所谓民主政治，说穿了就是一种以私人利益为基础的社会关系。这样要使每一个人都站在自己的立场，而又都共同参与来管理众人之事，是一件无比浩大的社会工程，有心要完成民主政治者，就必须按部就班有层次有时程地来完成建设。于是孔子就在《论语·泰伯第八》的八章、九章及十章提出了三段连续层次的德治参考蓝图计划。

子曰："兴于诗，立于礼，成于乐。"（《泰伯第八·八》）

这一段的意思应是孔子首先提出德治的科目课程表了。科目是什么呢？孔子认为那最适合一个公民的基础教育，就是诗文知识、礼仪行为和音乐艺术这三门功课。第一门功课是要让他们读诗文。为什么要从读诗文开始呢？孔子另在《阳货第十七·九》有一段较清楚的说明："小子！何莫学夫诗？诗，可以兴，可以观，可以群，可以怨。迩之事父，远之事君，多识于鸟、兽、草、木之名。"

孔子说的是："年轻的学生啊！为什么不学诗歌呢？没有比学习诗歌更妥当的入门知识了。学习诗文，可以激发人的心志，可以观察各种社会现象，可以作为与人交往时的谈话数据，可以在受委屈时抒发感情。可以从中学会在家如何侍奉父母，出外如何追随长官，而且还因之多认识了自然环境中各种动植物的名称。"诗歌一方面押韵，一方面又内容浅白而丰富，出声朗诵易于记忆。古人读的《诗经》《三字经》《百家姓》《千字文》《唐诗》等，不都是这样开始？而我们现代人就一直沿用至今，从进小学到大学求学，都称到学校"读书"而没有说到学校"看书"的。

在学习诗文已有相当基础之后，孔子认为学生的第二门功课就是要学习礼仪这回事了。礼仪就是在社会上应对进退的规矩。儒家重视礼，在很多时候，儒家几乎是把“礼”与“仁”看成同一回事，礼在某种程度上，或可以说就是仁的一种具体表现形式。这在《论语·颜渊第十二·一》所记孔子与颜渊的对话里可以看得出来。

颜渊问仁，子曰：“克己复礼为仁。一日克己复礼，天下归仁焉。为仁由己，而由人乎哉？”颜渊曰：“请问其目？”子曰：“非礼勿视，非礼勿听，非礼勿言，非礼勿动。”颜渊曰：“回虽不敏，请事斯语矣！”

这段话说的应是：“颜渊问怎样做才算是实行仁道，孔子说：‘克制自己的欲望使自己的行为都合于礼的要求就是实行仁道。如果有一天真能做到这样，那么在社会上不论何时何地，说的话做的事都不会违反仁道了。这行仁的决心，要靠自己来努力才可做到，别人是帮不上忙的。’颜渊又问：‘那么实行仁道有无可资遵循的基本守则呢？’孔子说：‘不合礼的事不要去看，不合礼的话不要去听，不合礼的话不要去说，不合礼的事不要去做就对了。’颜渊说：‘谢谢老师。我颜回虽然不很聪明，但已明白，从此就照着老师的话尽力去做了。’”

由这段对话看来，孔子确是把礼和仁已相提并论了。因为第一：他认为只要一个人有分寸，凡事做到合乎礼的要求，那就是一种不折不扣的仁道。第二：孔子在这里说的“非礼勿视，非礼勿听，非礼勿言，非礼勿动”，其实也正是一种“己所不欲，勿施于人”的恕道的表现。窥探别人的隐私，爱听别人的八卦，说话粗鲁以及破坏环境、伤害别人或侵占财物等——你不想别人这样对你，那就不要这样“非礼”对人就是了。

学生学习是要成为一位公民及可用之材，准备在社会上成家立业并执行公民的权利与义务，诗文及礼仪的学习都一定要达到某种程度水平才好，否则如连公民最基本的投票选举意义和程序都不能弄清楚，也无法参加一般的公民集会，辨别是非对错，那么还谈什么参与监督国家政治的推动进行呢？孔子另外说过“不学诗，无以言！”以及“不学礼，无以立！”两句话（《季氏第十六·十三》），也是同样的意思。

等到诗、礼的功课告一段落之后，孔子认为公民的基础教育就应该以音乐艺术这第三门课程来最后养成一个公民的完整人格了。

孔子为何会做这种课程的系统安排呢？其中的理由也许有两项，其一是音乐这种艺术最能表现出一种“和谐”的极致，它除了符合儒家“仁道”的核心价值之外，另外还添加上一种美好愉快的意义。这就怪不得《论语·述而第七·十三》记下了“子在齐闻韶，三月不知肉味”一段，指出孔子在齐国听到优美的韶乐，竟可连听三个月，陶醉得常常连刚刚晚餐吃的是猪肉或羊肉都忘记。然后其二是乐的和谐还有可以贯通内外使趋一致的功能。一个人学了诗可说是符合内在的知识求真修养，学了礼是符合外在的行为求善修养，然后再以乐的调和原则，使内外融通一贯，把自己的内在知识，在外在待人接物的社会行为上，用音乐般求美的艺术方式优雅地表现出来，岂不成就了一个所谓文质彬彬，真善美条件皆具的君子形象了吗？

更进而言之，儒家重视乐，认为音乐的起始，本就是由人心而生，有怎样的人就有怎样的声音，甚至还由个人而推至国家也是一样。所以《礼记》的《乐记》篇里有一段就说：“治世之音安以乐，其政和，乱世之音怨以怒，其政乖，亡国之音哀以思，其民困。声音之道，与政通矣。”这段话的意思是：“国家太平时的音乐充满了安适快乐，表达出政务的平和；国家混乱时的音乐充满了怨恨愤怒，表达出政务的倒行逆施；国家已亡或将亡时的音乐充满了悲伤无奈，表达出人民的绝望。声音乐理的象征，是可以反映出政治之实质内容的。”由此，孔子把诗、礼、乐这三门课程作为一个公民参政的必修课程的理由，也就更清楚了。

• 民众与民主

在讨论过《泰伯第八·八》后，我们再看接下来的《泰伯第八·九》。子曰："民可，使由之，不可，使知之。"那就是孔子说："老百姓如已具备了诗、礼、乐这三项公民应有的知识与品德的基本修养，那么就已合于公民的资格标准了，这时，当政者就应该让他们多参与国家的政治决策，自己管理自己的事。但另一方面，如果老百姓还未能学好诗、礼、乐这三项基本能力时，也不可贸然放弃，而要继续引导教化，使他们能够真正懂得公民应该自治并应有自治的条件才好。"

孔子认为公民的基础教育在于诗、礼、乐这三门课程。那在这三门课程已告一段落，人民应称已具有基本可以参与治理国家的能力了，这就是孔子以民主作为国家政治理想的看法。

儒家的思想从"仁"出发，仁就是爱护人，用在政治上就是仁政，而仁政要求必须使用德治的方法，因为德治可以教化人民使从被爱进而爱己亦爱他人，并因此成为一个可以自立及负起一份属于自己的社会责任的民主国家公民。

儒家的这种循序渐进的稳健做法还不止于此。所以我们可能还要继续看接下来的《泰伯第八·十》。子曰："好勇疾贫，乱也。人而不仁，疾之已甚，乱也。"

先谈这段文字的白话解释。孔子说："民主是我们追求的目标不错，可是我们又应明白这个世界上可能难有绝对完美的政治制度，民主政治亦然。例如在公民中如有人很肯做事，但却不能忍受清淡的生活，那么他在使用公民权时就容易出毛病。又如果在公民中有人缺乏'己所不欲，勿施于人'的良心，自私到了病态的地步，那么他在使用公民权时也容易出毛病的。"

孔子希望人人都成为君子是一种理想，但又知道完全没有小人是难以达致的。儒家认为人性先天本善，但社会百态，诱惑太多，事实上又无法根绝恶的存在，所以后天的环境影响很容易使人染上恶习。在此观点之下，孔子在《论语·阳货第十七·二》有一段话："性相近也，习相远也。"《雍也第六·十七》里有一段话："人之生也直，罔之生也幸而免。"孟子在其《孟子·告子上》也有一段话说："仁、义、礼、智，非由外铄我也，我固有之也，弗思耳矣。故曰：求则得之，舍则失之。"

孔子的第一段话是说："人的先天本性原来是相近的，后来因为学习环境有所不同，形成了后天个性的差异。"第二段话是说："人生本性是正直的，而后来却容易受环境影响染上恶习，虽然还能混下去，但只是侥幸的缘故。"孟子的话亦是说："仁、义、礼、智这些德性，不是外人所可以给予我的，而是我本性中原就具有的，只是我没有好好去探索其根源而已。所以说，自己认真去探索加以发挥，就可以牢靠掌握，如自己先放松不去体认实行，那就会丧失掉这些美德了。"

孔子与孟子应都对人性表示乐观，但又知道人性随时受到环境的考验。现在我们讨论政治，而政治就是再大不过的一个复杂环境，到处都充满压力的逼迫和利益的诱惑，那我们追求民主，任何一个政治上的决定，都会牵涉到每个人不同的立场考虑。国家公民受了诗、礼、乐的教化，理论上大家可以心平气和，都以共同利益的原则来决定国家的政策和人事更迭，虽有意见上的差距，却总不会太过离谱。但是孔子注意到还有两种人特别难缠，很可能会造成民主政治的障碍和乱象。其一就是好勇疾贫，其二就是人而不仁而又具有基本公民权甚至更大权力的人了。

前者可能在投票选举时，很容易就因为几块钱便把自己的一票卖掉，甚至还到处去帮某候选人买票都不一定，然后就因此选出些名实不相符的人来执政。后者则不管遇到讨论什么公共政策，都一定以自己的利益为先，拔一毛而利天下都绝不愿意，一味只会推动些有利于己的法案，然后又刻意去阻挠有利于大众的法案通过，或是以非理性的方式来妨碍公共建设进行等。这些可能由民主而造成的乱象，就是孔子所忧心的地方。

那怎么办？

在这个问题上，孔子有三种思考方向，其一是缺点既然存在，自己也不可能在有生之年解决这个问题，那就放弃他的全民政治方向，不要管那么多，让一个国家自己走一步算一步，最后走向民主或专制就看人民的运气。其二是仍然坚持一步不让，呼吁人民革命，把一切阻碍民权的独裁君主及自私百姓通通清除干净，然后彻底实行民主共和政制。其三是民主目标不变，但看看是否可以另找一个防止民主政治未能周全的办法。

孔子可能会做怎么样的选择？

上面所举的三种思考方向，第一种“放弃民主理想”的做法，恐怕不合孔子“知其不可而为之”的哲学原则；而第二种“强力推动民主”的做法恐怕也违背孔子虽然要求改革，却又同时以仁为本，不想破坏和谐的处事态度。那么，剩下的选项可能就只有第三种：另外找一个防止民主政治不够周全的办法来了。

• 从无耻到有耻

找一个防止民主政治不够周全的办法，是孔子在政治上一种暂时妥协的权宜措施，我们可以《论语·为政第二·三》的一段来做说明。

子曰：“道之以政，齐之以刑，民免而无耻。道之以德，齐之以礼，有耻且格。”这段话的意思是：“孔子说：‘用政令来领导人民，用刑罚来约束人民，是可以收到一时的效果，人民会被动因避免受处分而不去做某事，却还是不能了解为何不能做某事的道理。而以仁政德治来领导人民，用礼仪教化来约束人民，那才可以真正达到使人民了解合理处事的基本原则，而自然遇到任何事都有衡量的标准，就自然不会去做不该做的事，而使能辨别是非的能力成为自己人格的一部分了。’”

孔子的这段话，在实施民主政治的意义上或还可再作两点补充说明。其一是孔子坚持全面主权在民、人民自立自治是一定要做的。其二，孔子也明白世上本难有绝对完善政治制度之可能，故在全面主权在民的原则之下，适当地对人民作约束还是需要的。最好的约束是德治礼仪教化，但在礼仪教化尚有未逮的时候，政令法治的约束是可以作为权宜措施的。这个原则，或许就是我们今日在实施民主政治的要求之下，同时仍订有创制复决、选举罢免、集会游行、出版传播等与民权有关的法规的同样道理。可是进一步来说，适当的法律规定，在某种程度上有所必要，如果愈搞愈多，就有可能证明这些法规的质量低劣和人民一味倾向钻营取巧了。

说到这里，我们或可为孔子的政治思想做一个结论了。孔子期盼的是怎样一个理想世界呢？这就以在《礼记》的《礼运》篇里引述他的一段话表达得最清楚："大道之行也，天下为公。选贤与能，讲信修睦，故人不独亲其亲，不独子其子，使老有所终，壮有所用，幼有所长，鳏寡孤独废疾者皆有所养。男有分，女有归。货，恶其弃于地也，不必藏于已，力，恶其不出于身也，不必为己。是故谋闭而不兴，盗窃乱贼而不作，故外户而不闭，是谓大同。"

这段话的意思是说："理想政治的实现，必须做到主权在民。由老百姓选出有德行和有能力的人来为民服务。政府与人民之间真诚相待，说话算话，彼此互相督促而又和睦相处。所以风气所及，大家就不会执着只爱护自己的亲人和子女。这样推广仁爱的结果，就可以使得社会上所有的老年人都得到赡养，使壮年人都能顺利就业，使幼年人都能受良好教育。而因失婚未成家者、幼而无父母可依者、老而无亲人可靠者、身障或疾病缠身者都可以得到适当的安置，使生活无虞。男人能为社会尽心力，女人能有好的归宿，把家庭照顾好。大家都能多为别人着想，对财物使用只担心有无浪费，却不太去计较谁多谁少，对工作只问有无做好，却不太去计较自己能从中得到多少好处。这样下来，社会上就不会有人一天到晚去弄些阴谋诡计，而偷拐抢骗等破坏社会的恶事也没人会去做。百姓安居乐业，大家都不会非分去侵犯别人。那么每个家庭的大门就是晚上不关紧上锁，也不至于会发生什么有人擅自侵入等不良事端，这就是达到一种全世界都能和平安乐的境界了。”

由这一段文字内容，我们或可归纳出孔子的政治理想有两大重点。

第一重点是大同社会的特色就是主权在民。主权在民亦即是一种民有、民治、民享的民主政治制度。天下为公就是民有，执政者由人民选出就是民治（孔子虽然在某种程度上拥护以君主作为领导中心，但君主却仍要由民意的认同与否来决定其去留，这就有点像现在的所谓君主立宪制了），政治决策都以人民福祉为依归就是民享。

第二重点是政府与人民之间，推而广之人民与人民之间的互动都应以合乎“仁爱”的道德原则来进行。政府施政先要明白自己是在做爱护人民、服务人民、安定社会的工作，人民也要凭良心选择支持有为有守的执政者出来做事，人民与人民之间更要彼此将心比心，推己及人，多为与自己共同生活在这个社会上的他人着想，那么这个世界就可以安定得多了。

第六讲 直面法理人情的冲突

原文

叶公语孔子曰："吾党有直躬者，其父攘羊，而子证之。"孔子曰："吾党之直者异于是。父为子隐，子为父隐，直在其中矣。"

《子路第十三·十八》

释文

叶公告诉孔子说："我们乡里有个很耿直的人，他的父亲偷了别人的羊，做儿子的就站出来指证这件事。"孔子说："我们乡里的耿直人士做法却不一样，反而认为父亲不会随便向外人讲儿子的过错，儿子不会随便向外人讲父亲的过错。这才较符合耿直的道理。"

原文

季康子问政于孔子曰："如杀无道，以就有道，何如？"孔子对曰："子为政，焉用杀？子欲善而民善矣！君子之德风，小人之德草，草上之风，必偃。"

《颜渊第十二·十九》

释文

鲁国大夫季康子向孔子请教如何使政治上轨道，说："如杀掉坏人来保护好人，怎么样?"孔子回答说："你现在已是一个主政的人，政权在手，哪还需要用杀戮的方法来办事呢？只要你有心为善，大家就都会跟着做好了。领导人的德行好比是风，老百姓的德行好比是草，风在草上吹，草就会跟着风高低转动啊。"

法律可能是除了金钱之外，最有威力的一种工具了。

法律可以定人生死，可以移山倒海，可以使一个国家兴盛或灭亡，这些都常发生在立法者及执法者的一念之间。法律最重视公平，绝不能只僵硬地站在法律本身规定的形式上来说话。如果法律一味只问功利，只求严苛，那么它的流弊可能就会大过所能产生的效益。

例如战国时期的秦国曾靠了商鞅和韩非两大法家制定了很多严刑峻法来富国强兵终而统一天下，但政权终没能维持多久。而更讽刺的是商鞅及韩非两人最后都是不得善终，死于酷刑。尤其商鞅所定的百姓连坐、旅店严查身份的办法，弄得最后他逃亡时竟没有人敢收留他，就成了后代“作法自毙”一句成语的典故，也是他自己始料不及的事。

孔子早就了解到这些类似的问题。所以他虽不否认“法”的他律作用有维持人际秩序的一定功效，却更觉得如果要求一个国家社会的长治久安，仍需依赖国家领导人以及全体国民同时重视“情”与“理”之道德教化的自律作用才能达到真正和谐与安乐的境界。

我们在上一讲中，已引述过孔子在《论语》中批评只讲法而不问情理的政治结果为：“道之以政，齐之以刑，民免而无耻。道之以德，齐之以礼，有耻且格。”其意即是：“一个国家用政令、刑罚来约束人民，那只能收到一时的效果，人民表面上守法，却不了解守法的道理。而以道德修养、礼仪教化来约束人民，那才可以使人民真正懂得什么事该做不该做的道理，就只会做对的事情，行为自然正当了。”在这里的“德”字，应是泛指一般正确行为的根据，而“礼”字，则重在讲人伦关系的规矩，亦即是较强调“理”与“情”的意思。

现在进一步再来看孔子如何调和法、理、情这回事。

• 大义灭亲否？

首先我们看《论语·子路第十三·十八》这段文字："叶公语孔子曰：'吾党有直躬者，其父攘羊，而子证之。'孔子曰：'吾党之直者异于是。父为子隐，子为父隐，直在其中矣。'"这段对话说的是："有一位姓叶的官员告诉孔子说'我们乡里有个很耿直的人，他的父亲偷了别人的羊，做儿子的就站出来指证这件事。'孔子说：'我们乡里的耿直人士观点不同，认为做父亲的不会随便向外人说儿子的过错，做儿子的也不会随便向外人说父亲的过错。这才是一种真正耿直的道理。'"这段叶公与孔子的对话，或就是一个很好的法理情比重争论的例子。叶公重法，孔子则较全面重法、重情与重理。

首先就法而言。

叶公的立场当然很单纯，那便是"有偷羊就有罪，没偷羊就没罪"。叶公想的大概是一翻两瞪眼的事，除非那人没偷羊，只要他是偷了羊，任何晓得的人都应该出来作证，即或父子之间都不例外。

但是办案真的那么单纯吗？事实上绝不尽然。在春秋期间法律对证人的要求如何，我们不太了解，孔子却必然已考虑到这已牵涉到有关基本亲情与人权等问题，所以他立刻对叶公的话表示了不同的观点，认为以这样的例子来要求证人反而是不妥当的。

孔子这种相反的意见，在我们今日的观念，已经成了法律上很基本的原则，现代很多国家的刑事诉讼法中，都已明确有了在某种亲等以内之血亲、姻亲得拒绝证言之规定。又例如天主教的神父，在接受了教友的告解之后，不论教友诉说曾经犯了何等罪行，神父都不可以对第三者传述，这才符合了"神父"这种称谓的意义与担当。

而更进一步来说，其实办案，当然应是执法者的职责，执法者要努力来侦查事实、辨别是非才对，不能只靠口供。现代的法律不单对所谓

“证人”定了很复杂的限制，甚至于对所谓“被告”也有所谓“缄默权”等规定，可以不自证其罪，这暂不在我们讨论范围之内。

其次就情而言。

儒家重仁，在《中庸·第二十章》就记了孔子说：“仁者，人也，亲亲为大”的一句话，表明仁就是人之为人的本性，而一个人发扬仁爱之心就是要从爱护自己的亲人做起。另外有子在《论语·学而第一·二》也说“孝弟也者，其为人之本与?”一句话，同样表示了人要行仁，最基本的就是先要孝顺自己的父母，友爱自己的兄弟姊妹。

亲情乃是一切感情之至，我们怎可以不予重视?亲人共同生活，关系非常细腻复杂，例如家人彼此可以在某种情况下为对方牺牲生命，也可以因为挤牙膏的方式不同就吵得天翻地覆，却绝少有人把家中发生的各种好事坏事到处对外去宣扬的，这是一般人正常的行为。

反过来，如果一个人竟惯于去讲家人的八卦，虽然他说的都是事实，却似是不合常理，使人奇怪了。我们都知道家庭乃是社会组成的基石，如果一个家庭中经常存有太多的矛盾与猜疑的问题，家人之间的伦理关系当然就随之容易崩坏，而更在互不包容又有人喜欢到处对外放话时，那就有可能会由一个家庭的是非，进而形成了社会不安定的因素。

说过法与情的考虑之后，我们最后讨论“理”的立场。

所谓理，简单说就是一种适当的依据。适当就是合理，不适当就是不合理。但是什么叫做适当呢?孔子对此又颇有他独到的看法。这种看法或可以《论语·阳货第十七·二十一》，孔子与他的学生宰我对人伦适当掌握的一段讨论内容来做代表说明。

我们暂不引述全部文字，只谈其中要点。在这一章里，孔子与宰我对父母守丧以一年或三年较为合理有了不同的意见。孔子认为应是三年，因为做儿女的出生之后，至少要经过三年才较能离开父母的怀抱，所以为父母守丧三年应是合理的回报。宰我则认为应是一年，因为世间春夏秋冬自然循环乃以一年为准，而且守丧三年，一个人与社会脱离太久，可能会影响到他其后再进入社会时的人际适应问题。两人争执不下，于是孔子便问宰我说，如此只守丧一年，你是否可以觉得心安？宰我回答说，我会心安的，于是孔子就做了结论说："汝安，则为之。"守丧一年或三年，甚至六年（子贡即为孔子守丧六年），可能皆无不可，都已合理。到底怎么做才是最合理，孔子最后也明白难有一致的标准，每个人的做法也多少会有不同，而最适当衡量是否已做到对人对己都可交代得过去的要求，也就只有自问做了之后，自己是否感觉无愧和安心了。"心安"然后"理得"本身就是一种原则与弹性兼顾的道理！

原则应与弹性兼顾。说到这里，如何在法、理、情的冲突之间取得平衡也就清楚了。有了"心安"这个标准，不但守丧一年或三年的问题可以解决，就是有些看似存有巨大矛盾的事，到了最后有时竟都成了可以用共同适当道理来解释的行为。

再来看亲亲相隐这件事，孔子原则上认为父母子女之间应相包容没错，可是彻底地包庇到底，恐怕又不是孔子之可以苟同的一件事，我们在此或可举《左传·隐公四年》里所记的一个历史故事以为比较。

这个故事记述的是在鲁隐公四年时，卫国的州吁杀了卫桓公而自立为王，但是民心不服。州吁因政令推不动，便要他的好朋友石厚去向他曾做过卫国大夫、已退休还乡的老父石碏请教如何稳定政权。石碏一方面教他可以假借陈桓公的关系向周天子请求觐见，便可正式取得卫君的地位，另一方面却派人先到陈国要陈桓公趁机处置州吁和石厚这两个弑君叛逆。后来陈桓公果然依照石碏的意思，在州吁与石厚到来时把他们抓了起来。结果卫国和石碏就分别再派人到陈国把州吁和石厚杀掉。

我们之所以提到这个故事，是因为有三点要做补充说明。第一点是故事里石碏设计杀了州吁和自己的儿子石厚，就是后来我们有了"大义灭亲"这个成语的起源。第二点是"大义灭亲"的做法和前面孔子所提的"亲亲相隐"正好是两个相反而应作比较的行为。第三点是《左传》的作者左丘明是孔子十分欣赏的一位鲁国史学家（亦有说他曾就学于孔子，也是儒家人物）。在《论语·公冶长第五·二十五》里，孔子就曾毫无保留地赞美左丘明说：“巧言、令色、足恭，左丘明耻之，丘亦耻之。匿怨而友其人，左丘明耻之，丘亦耻之。”认为左丘明和他一样都不喜欢花言巧语，装着取悦人的脸色，对人过分恭敬，心里藏着怨恨而外表却热络示好的伪君子。如此看来，左丘明所特意表扬大义灭亲的行为，孔子应也不会有所反对。因为左丘明和孔子的人格特质应是相当类似的，而在石碏大义灭亲杀了他的儿子石厚的例子里，牵涉的可能也就只是一个心安和心不安的问题。杀了自己的儿子当然心痛，可是比起或一辈子心不安来说，那也许就只好选择长痛不如短痛了。

• 不杀

孔子对法律的意见却还未结束。我们在此看来他已解决了不少法律实施上的疑问，却又更进一步对法律提出了深切的终极期待。我们接着要引用《论语·颜渊第十二·十三》及《颜渊第十二·十九》两段文字来做说明。

先看《颜渊第十二·十三》：“子曰：‘听讼，吾犹人也。必也使无讼乎！’”

这段文字的意思是：“孔子说：‘审理诉讼判别是非的能力，我是和一般人差不多的，但我与别人又稍有不同之处，是我还希望从政治和教育上着手努力推动教化民众，使他们不随便兴讼才好。’”

孔子是个入世的有心人，凡事都要尽力做到彻底。他提出了“心安”来做法情理的最终衡量，虽然暂时或可对特定的人或事有参考价值，却又非是最圆满的解决方法，因为新的法、情、理的争执仍会不断出现。以后如果每个人都来求他指点各种不同的问题，不要说是一件不胜其烦的事，而且也终必有弄错状况使人不满意的时候。孔子想来想去，就最终说了一句“如果大家都不喜欢兴讼才好”的话。这怎么来做呢？

我们就接着再看《颜渊第十二·十九》里孔子的话："季康子问政于孔子曰：'如杀无道，以就有道，何如?'孔子对曰：'子为政，焉用杀? 子欲善，而民善矣！君子之德风，小人之德草，草上之风必偃。'"

释文为："季康子向孔子请教为政之道说：'如杀掉坏人来维护好人，你认为怎么样?'孔子回答说：'你已是一个主政的人了，为何还要用杀戮的方法来办事呢? 有权在手的领导人，他的德行好比是风，老百姓的德行好比是草，风一吹，草就一定会跟着风向转动的。'"

这位鲁国的权臣季康子，可能也和孔子一样想要找出一个可以整顿社会风气使百姓之间再也没有触发纷争之事，然后社会得以全盘安定。他想出来的办法很简单直接，就是"把坏人杀光，好人就有保障，社会就可以安定了"。他把这个想法告诉孔子，希望孔子能支持他这个办法，说不定还称赞他有魄力有担当。却不料孔子当场泼了一盆冷水说："你已经是有权在手的人了，怎么还用这种粗糙的杀戮方式来施政呢?"

孔子认为只有争权的时候才有些人会用到杀戮的行为。孔子的意思和所谓"天下可以马上得之，却不可以马上治之"的道理一样，杀伐有时是不得已的手段，但要求得一个国家的长治久安，只靠杀戮是绝不会成事的。然后孔子又还补充了一段话，告诉季康子说："政权在手的人，应该用的是他的道德影响力而不是暴力。暴力是刚性的，有时反可能导致两败俱伤、全盘皆输。而道德影响力是柔性的，一个领导人使用他仁政、爱民、修德的影响力以身作则来教化广大民众，这就好像春风在草原上拂过一样，每一根草都会跟着转向，形成良好的社会'风气'，大家都自然向善就不会随便做些野蛮犯法的事，就可能连刑罚都用不上了。"

至于为什么善良风气形成之后，老百姓就会少打官司，在《大学·传之四章》里有一段补充说明，相当传神，我们似也应再提一下，或就更可了解孔子期盼以道德教化来达到大家自动守法不滥诉的道理。这段文字记的是："子曰：'听讼，吾犹人也。必也使无讼乎！'无情者不得尽其辞，大畏民志，此谓知本。”白话释文是：“孔子说：‘审理诉讼判别是非的能力，我是和一般人差不多的，但我希望的是能做到大家不随便兴讼最好。’基本方法是要从政治和教育上着手努力推动教化民众，使形成善良风气。到了那时候，因为大家都有高道德水平的要求，造成普遍的社会压力，使人在公堂上都不敢随便瞎编些不近情理的假话。大家凭良心，是非清楚，就再没有什么可争，这就是真正了解到做人本分的道理了。”

《大学》这一章的内容，前半段是呼应前述《论语·颜渊第十二·十三》所记同样的话，而后半段则是进一步具体地解释为何教化可以减少争讼的道理了。

法律、刑罚都是不得已之事，而推至季康子所考虑的杀戮类的极刑更是险恶之事，能不用就不用，一定要用时就必须是不得已的情境。这一点，连集法家大成的韩非子也很重视儒家的观念。

在《韩非子·外储说左下》中，就有一段相关的记载，我们在这里简述如下：“孔子周游列国时在卫国停留一段时间，他有一个叫子皋的学生在卫国当法官，曾在某案件中审判砍掉一个叫刖危的人的两足。刖危后来做了看守城门的工作。过了一阵，因为有人在卫国国君面前说孔子的坏话，中伤孔子说他要谋反，于是孔子不见容于卫君，他的学生也分别逃走。子皋当然也弃官而逃，到城门时却因城门已关逃不出去，那个受过刑的刖危却领着他先躲到城门旁的一个密室中避过追兵。到了半夜，子皋问刖危说：‘我曾因不能破坏君主的法令而亲自砍掉你的脚，现在正是你报仇的机会来了，你怎么还肯帮我逃亡呢？’刖危回答他说：‘我的脚被砍，是我罪有应得，是无可奈何的事。在审我的案子时，你翻遍法令，又十分详尽地问清楚我犯案的细节，我注意到你当时是要尽可能为我找出些对我有利的理由。到后来我的案子虽然还是以砍脚定谳，我又看到你在宣判的时候，脸上充满了悲悯不忍的神色。我完全了解到你这个人真是一个宅心仁厚的好法官，我对你这样的一个人，当然也应该表示我的感谢与报答的。'"

德治好过法治，所以执法应以教化为主刑罚为辅。因为儒家认为法治刑罚可能太偏重法令一时可以立竿见影的规范效果，反而容易造成社会太功利和僵化的意识形态，那就绝不如德治教化之可以引导人心向善，得到法令全面适合法情理的弹性结果。

德治做好了，不但在法的立场上养成执法人员不滥判、诉讼当事人不滥言的原则，在情的立场上更养成亲属以至人与人之间互相包容，不为些许争执而动辄告官。至于理的立场，其实所谓是非曲直，在心安的原则上来讲，可能最重要还是一种谦让的观念。

最后在这里我们引用一个流传甚广的小故事来做说明。其内容是："清代儒家人物，曾任康熙朝大学士兼礼部尚书的张英（编撰有《聪训斋语》、《孝经衍义》等书）。他在安徽桐城的家人因整修房屋与邻居为地界不清发生了一些纠纷，家人就送信给北京的张英要他想办法对付邻人，争取自己较有利的围墙面积。张英接信后就回了一首诗说：'千里修书只为墙，让他三尺又何妨？长城万里今犹在，不见当年秦始皇。'家人接到回信后了解张英的意思，便不再争执此事，告诉邻人说愿意把地界退让三尺。后来邻人知道了张英写诗让地这件事，也接着向张家人说他们也愿意退后让出三尺地来，于是在两家围墙之间就开出了一条六尺宽的行人走道，后来在桐城就成了一条有名的'六尺巷'。"这就是谦让做法的极致了。

站在法律的观点上来说，我们提的这个"六尺巷"的例子，与前面所举的"攘羊亲亲相隐""为父母守丧期长短""石碏大义灭亲""季康子欲用极刑""刖危受刑报德"等事例比起来，分量颇有差距，"六尺巷"可以说是属于鸡毛蒜皮的事。但我们之所以把它放在最后来讨论的意义或有二。

其一是前面的几个例子确实太沉重，虽有可借鉴处，却是我们一般人很少会遇到的状况，甚至于一辈子都没有发生的可能性，这个六尺巷争执的类似内容，是一种你我都很有机会涉入的生活现实事件，对我们来说，参考的价值很大。其二是这个六尺巷故事所着重的“谦让”，其实不只是把我们所谓“理”的条件，以和谐的方式，优雅地予以调解而彼此都得以安心，还同时在“法”的条件上，因不以权势来欺压他人而免于破坏法制，并且又进一步在“情”的条件上获致敦亲睦邻，方便了乡里行人的过往。这种一举三得，理、法、情都能兼顾到的结果，是儒家一贯强调的“恕道”精神很贴切的具体事实证明。

第七讲　找准自己的社会角色

原文

樊迟请学稼。子曰："吾不如老农。"请学为圃。曰："吾不如老圃。"樊迟出，子曰："小人哉，樊须也！上好礼，则民莫敢不敬，上好义，则民莫敢不服，上好信，则民莫敢不用情。夫如是，则四方之民，襁负其子而至矣，焉用稼？"

《子路第十三·四》

释文

樊迟请学种庄稼的方法。孔子说："我不如老农夫。"又请学种蔬菜的方法。孔子说："我不如老菜农。"樊迟退出，孔子说："樊须真没志气，不肯多努力啊！一个领导者讲求礼节，老百姓就自然不敢不尊重规矩；一个领导者讲求义气，老百姓就自然不敢不服从指导；一个领导者讲求信用，老百姓就自然不敢不诚恳老实。做到这地步时，四方的人民都会带着家人小孩来追随你了，你哪还有功夫自己去种田呢？"

原文

子曰："唯女子与小人为难养也！近之则不孙，远之则怨。"

《阳货第十七·二十五》

释文

孔子说："用非正常关系要和女子建立感情，以及用非正常关系要和小人建立感情都是很困难的。当你和他们亲近时，他们会要控制你；到你想疏远他们时，他们又会生气怨恨你。"

“人生而自由平等”。这在我们现代民主政治体制中，已是个相当普遍的概念。但在两千五百多年前的封建时代，不管东方或西方，谈自由和平等，都还是一件十分艰困的事情。

孔子却显然明白我们每个人——只要是人，就应该享有自由和平等的基本人权。

关于“自由”这回事，我们从开始已陆续讨论过多次，孔子对每个人的自由权均表尊重，已毋庸置疑。例如他认为人要选择自己人生的意义是纯然自由的，尤其要成为一个君子或小人是完全操诸于己的，主要只是看一个人是否存有“仁心”而已。所以他直截了当就指明说了“我欲仁，斯仁至矣”一句话（《论语·述而第七·二十九》）。其后的孟子更加具体化认为“人皆可以为尧舜”（《孟子·告子下》）。又说一个人应该“穷则独善其身，达则兼善天下”（《孟子·尽心上》）。这些都表达了人生自由的意义。

现在我们来讨论一下人生平等的道理。因为孔子对人的平等权好像不如对自由权说得那么清楚，其原因可能是当时他的学生都已在他“有教无类”的原则下学习，日常并没有感受到什么平等不平等的气氛存在，故也就没人刻意把其中意义提出来分析讨论。所以后来在孔子留下来的思想中，反而就变成个稍欠统一标准的概念，大家在解释时就容易产生不同的看法。例如有人认为孔子要求做臣子的必须对君主尽忠，就是一种不平等的表现。但事实上，在《论语》中所记孔子所说过最关键的两句话是：“君使臣以礼，臣事君以忠。”（《八佾第三·十九》）及“子路问事君。子曰：‘勿欺也，而犯之。’”（《宪问第十四·二十三》）

这第一句话的意思是：“在上位的君主对下位的臣子能依规矩要求他们做事，那么臣子自然就会忠心耿耿来对待君主了。”第二句话的意思是：“子路问如何适当侍奉国君。孔子说：‘不可以做欺骗君主的事，但如果君主有什么做得不对之处，也不必客气，要当面规劝他。’”这两句话其实都指明了，君主与臣子职务身份虽有异，在领导与被领导的政治社会关系上虽然臣子应配合尽力来完成君主所交代的工作使命，不过这种任务的交代却非绝对而必须在相对合理的条件下为之，也就是依理而行，双方是全然平等的，如不合理，则做臣子的就没有接受的义务。如果君主仍然坚持乱来，那孟子就更不客气地说了一句“闻诛一夫纣矣，未闻弑君也”（《孟子·梁惠王下》），认为这样的领导人就只有简单换掉了。所以基本上，人与人之间的关系仍是平等的。

可是平等的问题还未完。因为除了一个人以其身份权势把另一个人踏在脚下之外，另还牵涉到一种所谓“歧视”的行为。孔子对人的种族、性别、职业、财产等的差异，有无尊卑贵贱的刻板偏见？这在《论语》中有两则记载历来引起不少争议。一则记在《子路第十三·四》中，被认为有职业歧视之嫌；另一则记在《阳货第十七·二十五》中，被认为有性别歧视之嫌，对此，我们有不同的看法。

• 务农即“小人”？

《子路第十三·四》记述：“樊迟请学稼。子曰：‘吾不如老农。’请学为圃。曰：‘吾不如老圃。’樊迟出，子曰：‘小人哉，樊须也！上好礼，则民莫敢不敬，上好义，则民莫敢不服，上好信，则民莫敢不用情。夫如是，则四方之民，襁负其子而至矣，焉用稼？’”

在这一则记载中，孔子的学生樊迟向孔子请学有关种庄稼及种蔬菜的方法，竟被直斥为小人，所以有人就将其归诸一种职业歧视的表示。但我们认为这事还颇有深入商榷的必要，主要理由有三。

第一，我们先了解樊迟这个人，依据《史记》等文献资料，樊迟小孔子三十六岁，在追随孔子求学之前，已做过鲁国的公务员，可能还有其他的社会工作经验，算是孔子晚年弟子之一，初入孔门时他的年纪也应在三十岁而立之年了。以他这样的背景，入了孔门之后，却突然向孔子问起学种稻、种菜的事。我们设身处地替孔子想想，这个无厘头学生的问题，如同一个物理教室里，新来了一位转学生，在第一次或第二次上课时却提出请老师教他如何做一个既实用又漂亮的餐桌或衣柜一样，一时就把老师问愣了，根本不知如何回答，只好先应付一下说“我不如老农，我不如老圃”了。

第二，稍后孔子回过神来，就樊迟的这个惊天一问，又加上了一句批评说他“小人”。孔子于此所用的这个形容是否太重，也是一项可商榷之处，因在儒家之中，“小人”一词具有两种不同的含意在内。其一是所谓“小人闲居为不善，无所不至”（《大学·传六章》）里的无恶不作的“小人”，其二是“君子之德风，小人之德草”（《论语·颜渊第十二·十九》）里的表示与领导者君子相对的被领导者“小人”，是一个中性名词。

孔子在说了樊迟是小人之后，接着又加上了“上好礼，则民莫敢不敬，上好义，则民莫敢不服，上好信，则民莫敢不用情”一段话。在这段话中，孔子用了三个“上”字以及三个“民”字，“民”字与“上”字互相对照，就指的是被领导者与领导者在社会上的功能分工关系。所以孔子在这里把樊迟归类为“小人”，所指的是他属于一般民众的意思，就很清楚了。

然后第三，就这一段文字，重点是不管批评得是重是轻，孔子为什么要说樊迟是“小人”？对于这一点，我们或许应以孔子对樊迟有所督促、期待来做较合理的解释。

我们已提过樊迟是孔子晚年的弟子，开始追随孔子时他的年纪也已不小，既然把自己已有的社会事业基础毅然放弃来重新学习，就必应有其更大的人生目标存在。但怎么一上课就先谈种田呢？种田并没有错，却非第一选择。儒家要求“穷则独善其身，达则兼善天下”，樊迟既有心来追随孔子，那一定是有更广阔的理想追求，突然大谈要去种稻种菜，就难怪孔子不太高兴了。于是孔子忍不住就这样训了他一顿，最后指出“上好礼，则民莫敢不敬，上好义，则民莫敢不服，上好信，则民莫敢不用情。夫如是，则四方之民，襁负其子而至矣，焉用稼?”这段话，如果一定要从责备的角度来看，也是责备樊迟不可逃避责任的意思。

因为君子与小人，在领导与被领导的立场上来看，只是一种社会角色身份的不同，并无任何所谓特权的不平等意义在内。而这种角色的不同，其实只代表领导者要付出更多的劳力来服务其他一般被领导的民众。

这一点，在《论语·子路第十三·一》里说得很清楚：“子路问政。子曰：‘先之，劳之。’请益，曰：‘无倦。’”孔子认为所谓在上位的领导人，主要是负更大的责任，凡事要比在下位的被领导者先辛苦多做些，而且还不能抱怨，不能逃避。这与孙中山先生在他的《三民主义·民权主义》中提到的“聪明才智愈大者，就应为更多的人服务才是真正平等的精义”是同样道理。

以职业的性质来说，选择哪一行哪一业都是平等的，种田和做官都没有什么不好，但孔子显然认为樊迟比较适合从政。孔子的着眼点只是觉得樊迟应该多做些服务社会的事而已，如果以此就指孔子有所谓“职业歧视”的倾向，那就可能误会了他对樊迟有所期待的一番苦心了。

我们再往后看，就会发现孔子对樊迟的督促栽培果然没有错。在这一次樊迟的惊天一问以及孔子的棒喝一答之后，樊迟可能就此开窍了。在整部《论语》之中，此次问稼、问圃之后，樊迟还接着提出了多次问仁、问知、问德、问孝等的记录，其中尤以《颜渊第十二·二十二》里所记的“樊迟问仁。子曰‘爱人’”成了对儒家“仁道”的最经典诠释。

除了《论语》之外，我们还要引用一项在《左传》上描述的齐鲁之战来再清楚说明一下樊迟其后在个人进德修业以及报效国家社会方面的出色表现。

这次事件发生在鲁哀公十一年（公元前484年），大致经过是：齐国与鲁国发生战争，齐国入侵鲁国，孔子的学生冉求率兵作为抵挡齐军的主力，在指挥车上要樊迟跟着他担任保护全车的武士。在两军接战时，鲁军隔着一条壕沟与齐军对峙，冉求希望部队能冲过沟攻击远来的齐军取得先机，鲁军却拖拖拉拉未能越过壕沟前进。正在僵持之中，樊迟审度军情，向冉求建议说："我们是可以过沟先攻取胜的，光说没用，这需要你领头冲锋才成。"冉求听了樊迟的话便依言下令擂鼓带头攻击，果然就一鼓作气过沟击垮了齐军，稳住了整个大局。

由这些《论语》及其他史料记载的内容看来，樊迟最终呈现出了一个智勇兼具的优秀人才的形象，最终也不负孔子的栽培，列名于孔门七十二贤之中。

•"难养"的女子

讨论过孔子是否对职业有所歧视之后，我们接着再看他对性别有没有歧视的观念。

这个争议起源于《论语·阳货第十七·二十五》，原文是："子曰：'唯女子与小人为难养也！近之则不孙，远之则怨。'"有人认为这就是孔子歧视女性的证明了，把女子与小人并列，而且主要描述你对她好，她就要爬到你头上；你如疏远她，她就要纠缠没完没了。这种说法也大有可商榷之处，理由有三。

其一，我们先看这里所提的"女子"一词，指的是天下所有的女子还是部分特殊的女子。

如果是泛指所有女子的话，那岂不把孔子自己的母亲、配偶、女儿等女性亲人全都包括进去了？最起码他不会如此来形容他自己的母亲。

根据史料记载，孔子三岁即丧父，母亲含辛茹苦把他教养长大至十七岁便去世了。如此伟大贤慧的一位母亲，孔子怎么可能把她也归入"近之则不孙，远之则怨"的小人行列里？这很不合逻辑。

而且于正常的男女关系，在孔子很推崇的《诗经》中，就有很多浪漫情爱的描述，例如《诗经》一开头的《周南·关雎》，就清楚地吟哦出"关关雎鸠，在河之洲，窈窕淑女，君子好逑"的词句。以那雎鸠水鸟在河中沙洲上互相关关地鸣叫，表达了我们年轻的君子和淑女彼此思慕求偶的美丽意境。在《小雅·常棣》中，“妻子好合，如鼓瑟琴”的文字，描绘出我们家庭里夫妻相亲相爱，就好像琴和瑟合奏出和谐乐章的动人画面。孔子于此都没有半句批评，只有赞美。那他怎么可能突然把天下女子一下又都说成了“小人”？

其二，我们认为在这里所指的“女子”，也只是指部分的女人而已。怎么样的女人呢？那就是和某人有了“小人”关系的女人了。

其实天下男人和天下女人都一样，要和你有了较亲密的关系之后，才有君子和小人的意义。孔子在这里特别用了“近之则不孙，远之则怨”来形容这种小人交往的结果，因为“君子之交淡若水，小人之交甘若醴”（《庄子·外篇·山木》）。一个人与另一个人一开始交往就只是纯粹两个人之志趣相投，彼此互相欣赏又能互相尊重，没有其他利益纠葛的因素存在，就是一种正常“自然发生”而可长可久的君子之交。但如果两人之间一开始便是因为某种不正当利益而与对方有了较亲密的关系，这种关系就属于是勉强凑合“养”出来的小人之交了。而如此建立关系后，在维护这种既得利益的基础上，自然就会有强烈要控制对方的动机产生，一天到晚患得患失，甚至还想要从对方那里获取更大的好处，那么“近之则不孙，远之则怨”的小人做法，就是随之而起的“难养”后遗症了。

其三，到这里，我们可以明白孔子所指的“女子”，是指的男女之间存有不正常关系的女子了。天下的男子和女子都一样，一个人和另一个人在互相利用的基础上建立关系就是互为小人，一个男人和一个女人在互相利用的基础上建立关系亦是互为小人。小人都想永久控制对方，否则就可能要把对方毁掉。尤其在男女之间的不正常关系因为掺杂了感情的敏感因素在内，这种现象就特别显著。我们看历史上不少帝王后宫的斗争，以及现代不少名人的绯闻事件，不都是因为与“女子”有了不很正常的小人关系而生？

于是，我们或就可把这段《论语·阳货第十七·二十五》的内容以白话解释如下：“孔子说：‘用非正常关系的方式要和女子建立感情，就如同用非正常关系要和小人建立感情一样，都是很困难的。因为这种关系先天上皆以利益交换为基础。所以当你和他们亲近时，他们为了更多的利益，就要控制你；到你想疏远他们时，他们又会为了不甘失去利益，就要怨恨伤害你。’”这一段话说的是男女之间的关系颇有其微妙复杂之处，和歧视与否并不相干。

男女之情可以优美如春花秋月，也可以险恶如洪水猛兽，我们在最后或仍有补充几句赘言的必要性。那就是孔子会突然将不正常的男女关系比作不正常的小人关系，也许是有感而发之言也不一定。其原因就可能牵涉到一个名叫“南子”的女人。

这件事记在《论语·雍也第六·二十六》里：“子见南子，子路不说。夫子矢之曰：‘予所否者，天厌之！天厌之！’”文内意思是：“孔子私下去见了南子一面，子路对此很不高兴。孔子因而发誓说：‘我如果有做了什么不合礼的行为的话，天会厌弃我的！天会厌弃我的！’”

为什么孔子与南子见了一面，就引起子路对老师如此大的反应，而孔子又几乎为此吓出一身冷汗了呢？这可能是孔子与子路都具有超高的道德感，而南子偏偏又是个名声不太好的女人吧。啊，不对，其实我们应该说南子是一个与卫国的国君卫灵公有纠葛关系，而因之去争取不当利益、寻求补偿行为的一个女人。

依据有关史料的记载，南子原籍宋国，在年轻时便已有一个要好的男朋友叫公子朝，后来弱小的宋国为巴结较强大的卫国，把她硬送给比她大几十岁的卫灵公做不知道第多少房的夫人，这就是不正常关系的开始了。

卫灵公得了这么一位既年轻又美丽聪明的如夫人当然很高兴。我们说南子年轻漂亮固不在话下，说她聪明也在汉朝刘向所著的《列女传》里有一段证明，大意是：“某天夜里卫灵公与南子在宫中闲坐聊天，忽然听到宫外有马车辚辚的声音，到了宫门口却停住了，过一会声音又再响起来。南子对灵公说：‘这一定是蘧伯玉。’卫灵公问：‘你怎么知道？’南子说：‘依照一般礼节，做臣子的经过君主的宫门应下车步行表示尊敬。蘧伯玉是卫国最为人称道的贤大夫，现在虽已夜深，还如此规矩行事的，一定是他了。’灵公派人去查看，回报果然就是蘧伯玉。”这样一个既美且慧的女人，卫灵公就只有百依百顺地宠爱了。

男女间的互为小人通常就由不正常的关系开始，越不正常，问题就越大。而卫灵公与南子之间，除了卫灵公年纪太大，夫人太多之外，他又好男色，是古代著名的双性恋君王之一。如此两人非常复杂的感情关系，当然就造成了南子更强烈要求补偿的心理动机了。起先是常常借故回宋国去私会旧情人公子朝，过了一段时间，嫌不方便，竟就干脆要求卫灵公把公子朝接到卫宫中长住，根本没把卫灵公看在眼里。南子接着还把持了朝政，如孔子等人，她都私下召见，这也就怪不得子路不高兴了。

而更严重的是，依据《史记·仲尼弟子列传》及《左传·定公十四年》等书的记载，后来卫国的太子蒯聩与南子有了冲突，蒯聩找了一个叫戏阳述的人要在朝见卫灵公的时候杀掉南子，戏阳述在动手前稍犹豫了一下，立即被南子察觉有异，于是便逼着卫灵公处理此事，太子蒯聩逃离卫国。三年后，卫灵公过世，南子又参与了一连串卫国立君争权的斗争，造成卫国接续多年的动乱。

在这十余年里，孔子周游列国，大多数时间正好停留在卫国。孔子对卫国的情感颇深，认为鲁卫两国乃兄弟之邦（《论语·子路第十三·七》），他把卫国看作自己的第二故乡，原本对卫国的政治也颇有期待，后来目睹这样的局面，使他有所感慨，而说出“唯女子与小人为难养”这句话来了。总而言之，与所谓歧视女性无太大关联。从另一个角度来看，孔子真正的意思是在告诫天下男子，要多尊重女性才好，千万要多将心比心对待她们，否则便是跟自己过不去了。

第八讲 发自内心地爱护自然

原文

> 子钓而不纲，弋不射宿。
>
> 《述而第七·二十六》

释文

孔子用钓竿钓鱼，不用大网横断流水捕鱼。用弓箭射鸟，但不射已归巢歇宿的鸟。

原文

> 色斯举矣，翔而后集。曰："山梁雌雉，时哉，时哉！"子路共之，三嗅而作。
>
> 《乡党第十·十八》

释文

子路在山间桥上一群雉鸡中捉到一只母雉，其它的雉鸡受惊飞起，回翔一阵后又停聚在较远处。孔子责备子路说："现在正是雉鸡繁殖的季节，你这样袭取桥上的母雉，很不合时宜，不合时宜呀！"于是子路用手拱着母雉放回地上。母雉被放，先迟疑了一下，然后再三辨认子路已无恶意，便也振翅飞走了。

19世纪英国文豪狄更斯（C. Dickens）在他的名著《双城记》的开场白里写道：

这是最好的时代，也是最坏的时代。
这是智慧的时代，也是愚昧的时代。
这是光明的季节，也是黑暗的季节。

这是希望的春天，也是绝望的冬天。

我们什么都拥有，也什么都没有。

我们正走向天堂，也正走向地狱。

这几句话似乎迄今仍然适用。尤其是用在描述我们现代人类生活的实况上，更是十分妥帖。

这个世界近两百余年来，一方面由于文明及科学的进步，人类享受到以往数千年所从未有过的个人地位的提升以及生活质量的改善。除了部分仍然封闭的国家之外，民主、自由、平等的思潮已经莫之能御，成了每个人的基本人权，想做什么就做什么，不会有太多的限制。而且物质生活富足，每个人基本上都丰衣足食，还有各种高科技产品任人使用。以往要花很多天才能传达的信息，现在弹指就到，以往要走几个月的旅程，现在数小时便可完成。

怪不得就有人说，我们人类文化历史的发展，在近两千年的时间上，好像把过去两万年的成果翻了一倍，近两百年来，又好像把过去两千年的成果翻了一倍。这样看来，我们人目前所处的，不是最好的时代是什么？

但是，问题来了。随着18世纪美国独立战争、法国大革命等事件建立起民主政治制度以及欧洲工业革命生活物资大量生产后，人的自我意识随之过度膨胀，而由于人类一夕爆发的结果，似乎又由过去极端的压抑变成了现在极端的放纵。人权及物质享受突然到手，似乎又变成了只顾自己的权利而忘却自己同时应负的一份责任的状况，结果就产生了很多只顾眼前一时的私利，而忽视了可能带来往后久远的公害后遗症。人类在这世界上生存的最大威胁，自古以来就是天灾和人祸两大因素。旧时可能是天灾大过人祸，现在则似乎变成人祸大过天灾。

现在两次大战虽然已经过去，但第三次世界大战会不会随时爆发谁都不能预料，因为除了思想的对抗之外，物质资源的争夺也越来越激烈。

以往对资源的要求单纯只是因为要满足基本生活所需，而现在对资源的要求是为了增加自己无底的欲望享受，变成强大的国家向弱小的国家侵略、殖民、掠夺，造成富者愈富，贫者愈贫。而因为得来容易，对物质不知爱惜，最终的结果是大自然被严重破坏。

所以目前南美的雨林被大量砍伐，中东的石油即将告竭，地球臭氧层的破洞愈来愈大、地面的气温愈来愈升高、南北极的冰层迅速融解都是目前人尽皆知的事实。依据国际自然保育联盟（IUCN）21 世纪以来所公布的数据显示，因为自然资源的过度开发使用，地球上的稀有生物已面临了严重的灭绝问题。除了生物被人类直接作为生活上的使用品之外，又加上自然生态的失衡以及环境污染等因素，现在地球上的动植物种正每年以万计的数量在迅速消失。

这样的结果，当然最后也就影响到人类本身生存的问题。民主、自由、科学的思想在近两百年左右使得人类享受到前所未有的幸福生活，这当然是一个最好时代的来临，但同时因为生活得太过随心所欲而不知节制，接着很可能就带来整个地球的毁灭。由大自然环境的极度破坏，到无数物种的灭绝乃至人类无法生存。这种恶性循环的结果，不也就是最坏时代的到来？

• 生而为人须敬天

孔子如果看到今日的这种景象，说不定比他在两千五百多年前还要感叹。好不容易盼到一个自由、民主、科学的世界实现了，怎么眼看着又要就此完结了呢？真是“人无远虑，必有近忧”（《论语・卫灵公第十五・十一》）。怎么可以不先“未雨绸缪”，预先防范这种不良后果的产生呢？

孔子确实是老早就思考过这个问题，而且思考得很深入。这可能要从他的“天人合一”思想谈起。

什么叫做“天人合一”？其实很单纯，我们认为就是指“人要知道自己对这个世界的责任”。什么是“人对这个世界的责任”？我们先来看看儒家所谓的“天”到底是指的什么。

儒家的“天”字，可能起码包含四种意义，即世界、大自然、宇宙、神。

在《论语》中，常常提到“天”的问题，例如在《为政第二·四》里所说的“五十而知天命”，提到孔子五十岁左右就真正了解到他对上天及这个社会的责任是“知其不可为而为之”。这里的“天”字，是指神位的“天”以及我们人生活于其中的这个世界。

在《泰伯第八·十九》里所说的：“大哉尧之为君也，巍巍乎，唯天为大，唯尧则之!”提到像唐尧这样的君主真是和天一样的崇高伟大。这里的“天”字，是指自然运行的宇宙和这个世界。

在《述而第七·二十二》里所说的：“天生德于予，桓魋其如予何?”提到自己完全是依照上天的道理来行事的，天自会保佑我，不必在乎像桓魋这样逆天行事的人能奈何自己。这里的“天”字，指的是神位的“天”。

在《宪问第十四·三十七》里所说的：“不怨天，不尤人，下学而上达，知我者，其天乎!”提到自己不抱怨天，不抱怨人，只要上天能明白我确是把学到的道理切切实实地奉行就可以了。这里的“天”字，是指神位和世界意义的天。

又在《阳货第十七·十九》里所说的：“天何言哉？四时行焉，百物生焉，天何言哉?”提到天的道理至明，其实不必多说，大家都可以看得很清楚。这里的“天”字，是指的宇宙和大自然的意思。

不管天是代表宇宙、大自然、世界或神，其与人的关系本就密切。儒家认为人在某种意义上，本来就是天的一部分，甚至万物都是天的一部分。因为人与万物本就包含在宇宙的范围之内，不管所占分量多少，基本上都属于天。也就好像一个人身上的头、手、脚、躯干、内脏、毛发都属于人一样，形态不同而已。

这种思想，在西方哲学里也有不少类似说法。譬如希腊的亚里士多德就曾提出形质论来解释宇宙万物的生成变化。他认为在质料上，万物都是一些相同的东西，但形象上则各异。人有人的形象，羊有羊的形象，泥土有泥土的形象，草有草的形象。小草由泥土中生长出来，同样的质料就由泥土的形象结构转变成了草的形象结构。等到草被羊吃了下去，那草的形象又变成了羊的形象。接着羊被人所吃，那羊的形象又变成人的形象。然后等到人或被老虎所吃或被细菌杀死或自然亡故，他的形象消灭，而质料则又可能改由老虎或火、水、泥土的形象限定而随之转变了。

在这个原则之下，万物的所谓“变化”，其实也可以解释为“未变”。我国《易经》的一个“易”字，一方面可以解释为“变易”，一方面又可以解释为“不易”，应也就是同样的道理。

在基本“天”的意义上，人与万物系出同源，本来没有什么差别，又不能说完全相同，而最大的相异处就是人具有其他万物所没有的理性与感情。因为有了感情与理性的存在，就使人有了思想的可能。虽然人的思想仍有缺陷，无法做到全知全能的地步但也有了接近天的“神性”的“灵性”之可能了。而就因了这种可以思考判断的特质，使人有了可以决定自己行为的自由。在某种意义上，虽然尚未能达到可以充分了解天意，达到无缝接轨的地步，但是起码已可揣摩老天让我们人生在世，到底是要我们做些什么的大致方向。而且还因为有了这种特质能力，或多或少成了上天与这世界万物间的沟通代言人。这就是所谓“天人合一”的意义了。

天人合一，代表人要知道天命，明白自己对天赋使命的责任。这种责任范围甚广，譬如有敬天（祭祀）、顺天（依照天的意志行事）、求天（祈祷）、问天（占卜）、谢天（感谢天容许人的存在）、应天（办理天临时交代的任务）、探天（研究宇宙的物质科学意义）、爱天（爱惜天下世界的万物）等不同表现形式。每一项我们都要从了解上天所交付的责任开始，设法加以完成。

但人要如何来揣摩推测上天的意思呢？在这一点上，孔子又提出了非常智慧的看法，这话记在《中庸·第二十章》里："诚者，天之道也，诚之者，人之道也。"孔子认为天道本来就是非常坦白清楚的，我们人也应该坦白诚恳地去追求了解天道。这在实践的意义上，天人合一也就是天人合德的一种追求了。

所以子思在《中庸·第二十二章》也更加以发挥说："唯天下至诚，为能尽其性，能尽其性，则能尽人之性，能尽人之性，则能尽物之性，能尽物之性，则可以赞天地之化育，可以赞天地之化育，则可以与天地参矣。"这话的意思是指："只有做到至诚的地步，一个人才能了解自己的本性；能够了解自己本性，就能同样了解一般人的本性；能够了解一般人的本性，就能了解这世界万物的本性；等到能了解万物的本性都有相通之处，就可以负起协助天地来化育万物的责任了。既可以协助天地来化育万物，那就是做到与天地合一了。"

"诚"就是不自欺欺人。我们知道天是全知全能的，所以要在老天面前要花样恐怕没用。我们也知道人是不完美的，例如人必须依赖摄食其他动植物维生，这也不需要隐瞒。但是依照一个"诚"字，要考虑的是有无"过当"的问题。

• 孔子祭鱼

人生在世，其实与任何他人与他物都会有相生相克的问题存在。作为一个人，在儒家的理想中，虽无法以人的智慧来获知世间的终极真理到底是什么，但起码是以人的诚意来协助维护这世间，要求以和谐的原则来使这世间万物之间达成平衡、永续。这就是儒家所谓"仁爱"思想的根源了。

这话是指在天人合一的要求上侧重“爱天”。爱天，可能就是要从爱这天下所有万物开始，这与我们的日常生活最直接相关，而要按照天的意思来爱万物，基本的依据无他，就是这个“诚”字。

就这一层关系，孟子在其《孟子·尽心上》里有两段进一步的述说。第一段为：“万物皆备于我矣。反身而诚，乐莫大焉。强恕而行，求仁莫近焉。”第二段为：“君子之于物也，爱之，而非仁，于民也，仁之，而非亲。亲亲而仁民，仁民而爱物。”

在第一段里，孟子认为：“我们为人就事论事认真思考一下，原来我们人在这个世界上存在和其他万物存在的道理是相通的呀！确实地明白了这回事，真是好极了。我们推行仁道，就从这个推己及人、推己及物的原则做起了。”

在第二段里，孟子又认为：“一个君子人对于自然界的万物，当然要爱育它，却不可能以对人的仁德来待它，对于民众，要以仁德来待他，却不可能以对亲人的亲情来待他。君子就由亲爱自己的亲人，推及到仁爱人民，再由仁爱人民，推及到爱惜万物。”

我们把孟子的话放在这里，乍看之下，好像有互相矛盾的情况出现。因为既然万物一体，怎么又有了仁爱的差异？于此我们要稍加说明的是，我们人的思想本由理性与感情综合而来，虽然理性上我们认知万物一体，但感情上却仍然不免有远近亲疏的距离产生。譬如我们看自己家里的那个电饭锅和看别人家里同样的一个电饭锅也会有不同的感受在内，对别人的父母子女也不可能和对自己的父母子女完全一样。孟子做了仁爱轻重的分别，在诚意的立场上是更坦率的表达。

总而言之，人之所以为人，就是要仁爱就对了。仁爱以诚为本，无法伪装。一个能以具有仁爱之心为出发点的人就是个理性与感情正常的君子，君子可能因对象不同而会有爱得多少的问题，重要的是他的爱心必是随意流露，想挡也挡不住。反之，一个理性与感情不正常者则为小人，小人可能因其行为偏向功利自私，对其他的人事物就怎样也挤不出爱来。在汉代刘向的《说苑·贵德》里就记有三则故事，或可作为对照的说明。

第一则的大意是："魏国大将乐羊受魏文侯的命令攻打中山国，当时他的儿子就在中山国内。于是中山国君把他儿子捆缚悬在城门口给他看，乐羊却不为所动。中山国君又把他儿子煮成肉羹送给他，乐羊就在军营把一杯肉羹吃完了。接着等乐羊领军攻下了中山国，魏文侯虽然仍奖赏了他的战功，却很怀疑他的心地，后来便不再重用他了。"

第二则的大意是："鲁国大夫孟孙打猎捉到一只小花鹿，就要他的手下秦西巴先用车运回。谁知有一只母鹿却一直跟在车后悲鸣。秦西巴心中很不忍，于是便把小鹿放出让它随着母鹿走了。稍迟孟孙回到家里，想要看看捉到的小鹿，秦西巴回答说：'我很不忍心看着母鹿一直跟着，就把它放了。'孟孙一听大怒，就把秦西巴开除了。但次年，孟孙的儿子正好要请一位老师，孟孙又把秦西巴找了回来担任这个职务。孟孙身边的人提醒他说：'你本因秦西巴犯罪把他开除了，现在竟要他担任教导你儿子的这种重要工作，是什么道理呢?'孟孙回答说：'这个连一只小鹿都那么爱护的人，他一定也会更爱护我的儿子，我不找他找谁呢?'"

这两则故事正好代表了两种对"爱"不同的描述，第一则是乐羊为了达成某种目的可以吃自己儿子的肉，虽然有功却被怀疑，因为这种人令人觉得冷酷可怕。第二则是秦西巴为了不忍之心宁可自己受罚来使小鹿与母鹿重聚，虽然获罪却令人觉得可亲可靠。这两个人的表现都不是伪装得来的，从一个人的仁爱之情的自然流露就可以有见微知著的效果。

接着我们再看《说苑·贵德》上的第三则故事，这则提到了孔子。内容大意是："孔子某次在楚国，有一位渔夫很热忱地要把一些鱼送给孔子。孔子起先认为无功不受禄而推辞。渔夫就坦白说：'我今天渔获较多，天气热恐怕卖不完就腐烂了，如果我把鱼丢掉，那就不如送给你这样一个君子较妥啊。'孔子一听，就恭敬接受了。回到家里，孔子便要学生把祭祀的桌子擦干净，把鱼放在桌上祭拜。他的学生颇有疑问，便说：‘老师，这些鱼本来是渔夫要丢掉的东西，现在您却把它放在祭桌上恭敬祭拜，是为什么呢?’孔子回答说：‘一个能够知道不浪费物资，善用物力的人，就是第一等的人物了。我现在受了第一等人物的恩赐好处，怎么能不奉祭感谢呢?’”

孔子的这个祭拜行为，应是包含三项感谢的意义在内。第一是表示了对天的感谢，因为天给了人生存的物资所需；第二是表示了对渔夫的感谢，认为渔夫能善用物资，不造成无谓的浪费；第三是表示了对鱼的感谢，我们人的生存就因它们牺牲而得以延续。惜物若此，是儒家仁爱思想的一种很诚恳细腻的风范。

• 被放走的母雉

从万物一体开始思考，异中有同，同中又有异，无论如何，尽量多爱就是了。这种大爱的精神，就容易放诸四海而皆准。推己及人然后再推己及物，这与我们现代所谓要重视环保的原则完全一致。环保的最核心要领应有二：一是节用，二是保育。孔子于此都有很深入的看法，我们就从《论语》中再各举两个例子，以为说明。

先谈节用。我们看《八佾第三·四》及《乡党第十·八》这两章所记孔子的说法。在《八佾第三·四》这一章里记的是：“林放问礼之本。子曰：‘大哉问！礼，与其奢也，宁俭。丧，与其易也，宁戚。’”白话大意是：“鲁国人林放向孔子请教礼的实践最主要的原则是什么。孔子说：‘你问得好极了！礼是绝不能废弃的，但如果弄得太繁文缛节又不太好，与其太铺张，就不如俭朴些。譬如丧礼，重在能表达一种哀伤的气氛，而不必太重视形式的虚文。’”这一段文字就首先说明了孔子认为人之为人，当然应有互相付出尊重、关怀的人力、物力的需要，但若太劳民伤财就不好了。

节用，就是合理使用物资的意思。我们再看《乡党第十·八》这一章里记的孔子的日常生活行为原则："食不厌精，脍不厌细。食饐而餲，鱼馁而肉败，不食。色恶不食，臭恶不食。失饪不食，不时不食。割不正不食，不得其酱不食。"白话大意是："饮食不嫌做得精美，烹饪不嫌做得细致。食物如果已变质，鱼肉如果已腐烂，就不要吃了。甚至食物在颜色上、气味上已不妥当，也不要勉强吃了。烹煮得过生过熟的菜肴不宜吃，不是适当季节出现的食物也不宜吃。切割得乱七八糟的食物不吃。烹煮过咸或过甜的食物也不吃。"

这一章与节用环保的关系，我们或有四点应予强调之处：其一，节用是环保的第一要务，而节用就必须从我们日常生活的细节做起，而生活最大的重点莫过于饮食。其二，饮食首先要求精致就是食材可以物尽其用，而烹饪调味适当又可以使食物被吃光，不致浪费。其三，不是时宜出现的食材应是在未成熟时即强取，且价格会较贵，不符经济原则。其四，食物要在其腐坏前即用尽，以免浪费或勉强食用有损健康。孔子在这一章文字里就把生活节用的原则都表达清楚了。生活饮食的环保照着这样来处理，基本可对得起自己和自己所处的环境了。

孔子除了节用之外，还在《论语》中提到更进一步的"保育"观念。我们接着来看《述而第七·二十六》及《乡党第十·十八》这两章里的记载。

在《述而第七·二十六》里记的是："子钓而不纲，弋不射宿。"白话大意是："孔子用钓竿钓鱼，却绝不用大型的渔网横断流水捕鱼。用弓箭射鸟，但不会去射已归巢歇宿的鸟。"人在自然界中采用物资，本来是一种不得已的行为，孔子除了认为应该节约使用之外，更进一步表明了人不可因要获取更大的利益而采取赶尽杀绝的做法。抓鱼、打鸟为供生活所需是不得已，大批地捕捉以成为私人巨大的财富就不对了，而且经过大批捕捉消耗自然物资之后，以后就必然会造成物资缺乏。

在这一点上孟子也说："不违农时，谷不可胜食也，数罟不入洿池，鱼鳖不可胜食也，斧斤以时入山林，材木不可胜用也（《孟子·梁惠王上》）。”认为“人与自然共存，只要农作依时耕种，五谷就吃不完，不用太细密的渔网在池塘捕鱼，渔产就吃不完，砍伐树林能间隔依时分批来做，木材就可使用不尽”，是一样的道理。

除此之外，孔子在《乡党第十·十八》还提出了更进一步环境保育的观点。

这一章里记的是：“色斯举矣，翔而后集。曰：‘山梁雌雉，时哉！时哉！’子路共之，三嗅而作。”白话大意是：“子路在山间桥上捉到一只母雉，其他雉鸡受惊而飞起，回翔一阵后又聚停在较远处观望。孔子就出声责备子路说：‘现在正是雉鸡繁殖的季节，你这样袭取桥上的母雉，很不合时宜，不合时宜呀！’于是子路用双手拱着母雉放回地上。母雉被放，先迟疑了一下，然后再三辨认子路已无恶意，便也振翅飞走，回到雉群去了。”

在这一章里，孔子已把仁民爱物的思想发挥到极致了。所谓生态保育，依现代意义即为尊重与我们共存的生物，尽量给各种生物一个适当的生存环境。我们想的是，如果人人都能像孔子一样对任何生命都有如此细腻温馨的心思，还有什么环保的问题难解的呢？

第九讲　尊重本性才能导人向善

原文

子曰："性相近也，习相远也。"

《阳货第十七·二》

释文

孔子说："人的本性是相近向善的，后来因受学习环境的影响，才加入了恶的成分，有了善恶之分。"

原文

子曰："有教无类。"

《卫灵公第十五·三十八》

释文

孔子说："受教育是基本人权，不宜有任何身份及能力等限制。"

原文

子曰："不愤不启。不悱不发。举一隅不以三隅反，则不复也。"

《述而第七·八》

释文

孔子说："教育是内化，而非外铄的。所以教学生一门功课，首在了解学生是否已有学习这门功课的动机，如果缺乏动机，那就是学习的时间尚未成熟。其次则在了解学生是否已有学习这门功课的基本能力，如果研读的能力不足，那也不宜草率就要他去学习。然后在教学过程中，还要随时留意观察学生是否真正可以融会贯通所学知识，如果学生不能将所学知识应用在一般类似的实践道理上，那么教师和学生就必须暂时停下来，共同修正有关的教材和教法，而不可只一味机械式地强教下去。”

原文

叶公问孔子于子路，子路不对。子曰：“女奚不曰：‘其为人也，发愤忘食，乐以忘忧，不知老之将至云尔！’”

《述而第七 · 十八》

释文

叶公向子路问孔子的为人，子路一时不知如何回答。孔子说：“你怎么不告诉他说：‘他这个人，发愤求学做事，有时会连饭都忘了吃。在求学和做事上有了些许进步，就快乐得忘了一切眼前的忧愁。直到现在，自己已稍有年岁了，还是保持这种不变的心态呢。’”

教育的意义或可分为两个方面来说明。

第一方面，教育是人所独有的活动。那是因为人在学习的过程中，特别具有了解是非对错的理性能力。例如人在学习了应在固定处所大小便之后，还同时会知道为什么应该如此做，其他动物虽亦可学会在固定处所大小便，但它们不可能知道为什么要这样做。

所以其他动物的学习充其量只能说是一种训练的结果，而只有人类在学会一种新的技能或习惯之后，还能了解该项学习的深层意义，这才能称之为教育。

第二方面，教育含有向上提升理想文化的倾向，纯粹就学习本身来讲，原本是没有好坏之分的。例如，种树莳花的技能是学习，但赌博骗钱的技能也是学习。前一种对社会生活文化有提升作用的学习，我们理应称之为教育；而后一种可能会破坏社会风气、使人学了之后趋向负面发展的，我们就很难称之为教育了。

儒家的教育思想，应在这两大原则之下来作讨论。我们要谈教育，就不能不先了解人性，然后随着人性的发展，乃终能完成学习内化与向上发展的教育目标。

• 谈谈人性

儒家的人性论认为人性是向善的。我们可能要从“人性本善”这句话来说起。

在人性的立场上，主要有两种不同的理论：第一种是性恶论，第二种则为性善论。

第一种的性恶论如我国的荀子提到“人性本恶，其善者伪”（《荀子·性恶第二十三》），认为人性都是自私自利的，必须要靠后天的约束才能获致安定。而西方的马基维利（N. Machiavelli）、霍布斯（T. Hobbes）等法家思想，亦认为人性在一般情况下莫不恣意妄为，只有通过法律的规范，才有维持社会秩序的可能。近代的心理分析大师弗洛伊德（S. Freud）更直指人的潜意识深层都是恶的，追究到最后，就只剩下“性”与“攻击”两项本能的活动。个人做一件事表面上的理由冠冕堂皇，暗地里却不过是要满足自己一些私密的欲望。例如用功读书可能只是为胜过别人及实现“书中自有颜如玉”“书中自有黄金屋”的潜意识动机。

至于第二种人性本善论，在我国则以孔子和孟子的思想为主。孔子说：“性相近也，习相远也（《论语·阳货第十七·二》）。”又说：“人之生也直，罔之生也幸而免（《雍也第六·十七》）。”

在第一句话里，孔子认为："人先天的本性是一致相近的，却因后天的环境学习而有了不同的发展。"那天生本性是怎么一个样子呢？在第二句话里，孔子进一步解释："人的天生本性都是正直坦诚的，后来受到环境学习的影响才有了不正直的偏差心态产生，但还可以混下去，那只是一种侥幸结果而已。"人性有善有恶应是事实，但善恶孰先存在？依孔子的看法，显然是善先于恶而发生，亦即人性是本善的。

到了孟子，在其《孟子·公孙丑上》更有一段话可以作为说明人性源头的精彩实例："所以谓人皆有不忍人之心者，今人乍见孺子将入于井，皆有怵惕恻隐之心，非所以内交于孺子之父母也，非所以要誉于乡党朋友也，非恶其声而然也。"孟子认为在毫无思虑的率直动机之下，任一个人都会表达出一种不忍别人（尤其弱势者）受害的心理直觉反应，这就是人性本善的明证。

孟子接着还在《孟子·告子上》又更加以推衍说："乃若其情，则可以为善矣，乃所谓善也。若夫为不善，非才之罪也。恻隐之心，人皆有之，羞恶之心，人皆有之，恭敬之心，人皆有之，是非之心，人皆有之。恻隐之心，仁也，羞恶之心，义也，恭敬之心，礼也，是非之心，智也。仁、义、礼、智，非由外铄我也，我固有之也，弗思耳矣。故曰：求则得之，舍则失之。"

孟子的意思是："只要顺着本性，就可以做对的事。这就是所谓人性本善。至于有人作恶，却并不是一种属于本质的问题。怜悯不忍人受苦的心理，是人都有的；羞耻厌恶的心理，是人都有的；恭谨尊重的心理，是人都有的；辨别是非的心理，是人都有的。怜悯不忍人受苦的心，就是仁；羞耻厌恶的心，就是义；恭谨尊重的心，就是礼；辨别是非的心，就是智。仁、义、礼、智，并不是外人给我的，而是我自己本来就有的，只是平时我们未做仔细思考而已。所以说我们自己能积极随时依此探索实行，它就与我们共同成长发展，如果自己舍弃，不做保持的努力，那当然也会很快就迷失掉自己这种原有的本性。"

人性本善，在西方思想也有同样的说法。例如西哲卢梭（J. J. Rousseau）在其讨论教育的名著《爱弥儿》一书中，一开头便指出："天生万物，一切皆善，唯经人手，就成为恶。"人心本善，环境却会污染人心。现代美国人本主义心理学家马斯洛（A. Maslow）亦认为一个健康正常的人，他一生自然地必以发展自己最理想的自我、实现潜能为目的，没有人一开始便自甘堕落的，但后来发展到什么地步，却受多种后续条件所限，说明了人性本善，恶是由环境因素影响才出现的。

那么到底是人性本恶，或人性本善？其实相关的讨论都各有其道理存在，站在儒家的立场上，我们认为人性本善还是较中肯的说法，理由或有三项。

第一是人性本恶很可能为不良行为提供了一个合理化的基础，那就是做坏事好像是应该的、合乎人性的，这似乎不很妥当。

第二是人性本恶论中所提到的"恶性"，其实说的只是人性中部分动物的本能而已。本能如老鼠打洞、小鸟吃虫、狗咬猫等，基本上它们都没有为什么要做这个行为的思考判断在内。动物饥则觅食，这种觅食充饥的行为，并没有什么所谓善或不善的意义在内。人则不同，人除了具有动物性的本能之外，还另有感情与理性两项功能，这才是真正所谓人的特质。动物性的本能并不涉及善恶的价值判断，人能做各种价值判断是感情与理性（尤其理性）作用的结果。人是唯一理性的动物，亦即是只有人才有善恶的分别，而由理性辨别是非对错，主要是作为自己正确行为的依据。而正确的行为一定是倾向于善的，如倾向于恶，就不能称为正确的行为，也非理性的表现。故理性正确的行为必然是善良、端正、仁爱的，故而人性本善。

第三在教育的立场上，其实不管性恶论也好，性善论也好，其最后共同目的，都是希望人能学好，不过性恶论较强调以压抑、惩罚来控制人的恶行，而性善论较强调以鼓励、辅导来增长人的善行，亦即性恶论所注重的是一种外铄式的学习，而性善论所着重的则是一种内化式的学习。我们接着就以此为本，来讨论孔子的教育思想。

性恶论既然认为人性本恶，那么我们教育的目的当然就是去“恶”。所以荀子说：“今人之性，生而有好利焉，顺是，故争夺生而辞让亡焉，生而有疾恶焉，顺是，故残贼生而忠信亡焉，生而有耳目之欲，有好声色焉，顺是，故淫乱生而礼义文理亡焉。然则从人之性，顺人之情，必出于争夺，合于犯分乱理而归于暴。……用此观之，然则人之性恶明矣，其善者伪也。故枸木必将待檃栝烝矫然后直，钝金必将待砻厉然后利，今人之性恶，必将待师法然后正，得礼义然后治”（《荀子·性恶第二十三》）。这一段话的主要意义是人因为有天生的各种物欲，顺着发展下去，人与人之间就一定产生争夺和暴乱的行为。由此看来，人性是本恶的，有能够向善者，都是因为后天努力改过的缘故。就好像弯曲的木材，一定要用器具、用方法来矫正，才能拉直，钝刀必须经过砥磨，才能锋利。所以人的本性为恶，也一定要得到教师、法律的引导，才能走上正道，得到礼节、义理的约束才能获致安定。这就是外铄式的教育概念。

而性善论认为人性本善，性善是先天的，随着理性的出现而来。人之起初无有不善，恶则是后天产生的，例如小孩子未经环境污染，绝不可能天生就会说谎话，而任何一个人第一次说谎话也必定先经过一番内心自我的挣扎。于是性善论在教育的原则上，所采取的是一种内化的立场，认为教育就是协助一个人的成长而已。如同我们种树一样，树的生长原就是它的本性，我们只要基本上使这棵树得到适量的浇水、施肥等照顾，它就会自然长得很好，实在不太需要前述荀子所说的，一天到晚用檃栝烝矫等方式去弯曲或拉直它。

所以《礼记·学记第十八》里，就把教育描述为：“教也者，长善而救其失者也。”其意思即是说：“教育的作用，就是使受教者能依先天人性本善的优点成长，并因之而克服恶行产生的缺点。”《说文解字》则分开解释教育两字为：“教，上所施，下所效也。”“育，养子使作善也。”亦即教育就是先学者以其向善的经验来引导后学者以内化方式发挥人的善性之意。

由这些我国典籍对教育的定义，我们或可归纳出两项重要的意义来。一是我国传统对教育的解释，与我们在开头所提现代认为教育乃是人所独有的行为，而且具有向上提升人类社会文化的基本要求完全相符；二是教育既是人所独有的行为，而且旨在强调人类个体及社会成长的意义，然则人性本善与教育应重内化大于外铄，才是在实施教育时的较合理的目标取向。

孔子的教育思想，就是依此模式发展形成。

• “贱民之子”的教育

“子曰：‘有教无类’（《论语·卫灵公第十五·三十八》）。”

在这句话里，孔子先简明地陈述了教育的最基本原则，亦即“受教育是所有人应享的基本人权，全面性地给予每个人成长的可能，不宜有任何身份及能力的限制。”

在两千五百多年前的封建制度之下，学在官府，平民很难得到受教育的机会，孔子自己是没落贵族的后代，所以就没有受过正式完整的教育。也许就是这个原因让孔子立志让大家都有机会受教育也未可知，并使他就此获得了至圣先师的地位。他在教育上建立起高瞻远瞩的伟大观念，到如今仍使我们为之赞叹不已。

“有教无类”简单说，就是要让人人都能受教育。这句话说来轻松，其中却至少包含三项平等的精神在内。一是族群地位的平等，二是经济地位的平等，三是个人才智能力上的平等。

先说第一项，族群地位的平等。在当时封建制度意识形态之下，孔子开始推动平民教育已经是了不起的成就。他的学生来源一律平等，当然也有贵族身份者，如孟懿子、南宫敬叔等，更多的是一般的普通民众，如子路是卞之野人、颜渊经常连吃饭都成问题、仲弓是贱民之子等，孔子都一视同仁予以培育，使之成器成材，非常不容易。

再说第二项，经济地位的平等。现代教育经费在某种范围内，由国家编列预算支出，在古时则仍认为读书是属个人的志业，当然应该由使用者付费。可是付不出学费来的怎么办？义务教育在当时属于不可能的一件事，但孔子就以个人的力量来勉为其难，所以他在《论语·述而第七·七》上说了："自行束脩以上，吾未尝无诲焉！"表明了任何人有志求学，只要有心送上一份微薄敬师礼品来的，他就愿意收为学生。

其实在尽量给予学生求学机会的原则上，孔子收了弟子三千，我们可猜测其中孔子已建立起相当有系统的助教制度来了。例如在《论语》中，除了孔子的话语之外，我们亦可看到如曾子、有子等人单独发表的言论，这也许就是孔子为使"有教无类"能发挥更大的效果，他就安排了较优秀的学生（尤其是优秀而较清寒的学生）来担任辅导较低班次同学的工作，藉此不但可以免除了贫困学生的经济压力，而且又可以使更多的学生得到受教的机会。

但我们最佩服孔子的，却是在"有教无类"这个原则上，他如何处理接下来第三项"个人才智能力上的平等"的问题。因为一个人社会和经济的地位不同，是外在的，是一时的，就学习的意义上，也许在一个老师决定是否收一个学生时，会产生一些影响的作用，一决定以平等的方式收了这个学生，这种影响力便基本上不存在了。而一个人的才智能力是内在的，是永久相随的，尤其对后来的学习表现更攸关重要。

简单地说，例如一个贵族富豪和一个平民穷人，我们可以平等的方式使之入学，也可以平等的方式使之学习，但一个才智出众与一个才智平庸的人，我们以平等的方式使之入学，却可能无法以平等的方式使之收到同样的成果。所以我们讲有教无类，可以在入学的条件上及入学后的学习条件上打破一切外在的限制而做到没有分别的平等学习环境，但在每个学生必然存在、而且无法以简单方式使之改变的是每个人不同的聪明才智、人格兴趣等问题。那也就是说，在教育的意义上，我们可以不计较一个人的身份和经济条件等外在学习因素，却不能不衡量其才智、兴趣、感情、价值观等可能会对学习结果造成巨大影响的内在条件。

因为学习的结果既是一种内化的行为，新增的知识如能与个人原有的内在条件彼此契合兼容，那学习的结果就会愉快而成长迅速，反之则痛苦而成长阻滞。如一味只以同样的方式来对不同需求的对象施教，那就反而只是制造出一种假平等现象，以现代的说法，就是一种填鸭式的教育，失去了有教无类的本意。

孔子显然已注意到这个问题，而且也有其睿智的应对办法。那就是在“有教无类”之后，必须接续为之的“因材施教”的办法。

• 同一个问题，不同的回答

《论语》里面，对孔子因材施教的实施记录甚多，我们在此暂且举《先进第十一·二十一》《八佾第三·八》及《述而第七·八》三章所记内容来作讨论的依据。

在《先进第十一·二十一》里，子路问：“闻斯行诸?”子曰：“有父兄在，如之何其闻斯行之!”冉有问：“闻斯行诸?”子曰：“闻斯行之!”公西华曰：“由也问‘闻斯行诸?’子曰：‘有父兄在。’求也问：‘闻斯行诸?’子曰：‘闻斯行之。’赤也惑，敢问?”子曰：“求也退，故进之，由也兼人，故退之。”

这段话的白话释文为：子路问说：“听到一件合义理的事，就去做吗?”孔子说：“还有父兄在上，怎么可以抢先出头去做呢?”冉有问说：“听到一件合义理的事，就去做吗?”孔子说：“听到了就该去做!”公西华说：“仲由问‘听到一件合义理的事就去做吗?’老师回答说：‘还有父兄在上。’冉求也问：‘听到一件合义理的事就去做吗?’老师却回答说：‘听到了就去做。’我感到迷惑了，我大胆提出请问其中道理是什么?”孔子回答说：“冉求的个性较为畏缩，所以我鼓励他要积极些。而仲由的个性好勇过人，我就劝告他要谦让些。”在这个例子里，孔子应是以仲由和冉求两位学生的人格特质来作分别教育。个性冲动的，孔子就教他要把脚步放慢些；个性温吞的，孔子就教他做事要积极些。

在《八佾第三·八》里，子夏问曰：“‘巧笑倩兮，美目盼兮，素以为绚兮。’何谓也?”子曰：“绘事后素。”曰：“礼后乎?”子曰：“起予者商也！始可与言诗已矣。”

其白话释文为：子夏问道：“古诗上说：‘美妙的笑容多好看呀，美丽的眼神盼顾得多妩媚呀，在粉白的底子上画上五彩的颜色呀。’这三句话是指什么?”孔子说：“这是指画画应先将白底抹好，然后再加上五彩的颜色。”子夏说：“那不就是说人先要有仁德，然后再用礼来文饰吗?”孔子说：“好极了，卜商，你这话倒启发了我，让我了解到你的程度已可以更进一步来研究诗了。”这第二个例子，应是孔子随时留意每一位学生的学习进度，而且随时加以夸奖，并依此以为调节课程进度的根据。

学生在课业上有了好的表现，当然应该加以赞美，而且要更加强及加深他的功课修为，使之成材。但如果学生遭遇到课业上的重大困难时怎么办？孔子也同样有他完整的配套处理办法。这就记在《述而第七·八》里，子曰：“不愤不启，不悱不发。举一隅不以三隅反，则不复也。”

其白话文释文应为：孔子说：“教育是内化，而非外铄的。所以教学生一门功课，首在了解学生是否已有学习这门功课的兴趣，如果兴趣不足，那就是学习的时机尚未成熟；其次则在了解学生是否已有学习这门功课的基本能力，如果研读的能力不足，那也不宜草率就要他去学习。然后在教学过程中，还要随时留意观察学生是否真正可以融会贯通所学知识，如果学生不能将所学知识应用在一般实践道理上，那么教师和学生就必须暂时停下来，共同修正有关的教材和教法，而不可以一味机械式地强教下去。”

在"有教无类"的大前提上，孔子肯定每个人都有受教育的权利，同时他也明白人有学习能力及兴趣等差异。所以在不论其身份条件而都给予教育机会的原则下，所收进来的学生不能不顾其聪明才智及个性取向等，只一股脑将他们放进同一个模式里受教了事。孔子在这一点上十分留意每个学生的个别差异，而为之安排不同的学习课程方式。

孔子在学生受教的责任上，曾在《为政第二·十五》上提出："学而不思则罔，思而不学则殆。"说明"只知读书，而不去思索，是空洞的；只知思索，而不去读书，是盲目的。"以作为学生求学必须留意学思结合的要求。而在教师施教的责任上，孔子在《述而第七·八》里，则表示其十分重视要教师在教学时，必须留意每一学生的个别差异，以真正落实因材施教的内涵意义。

教育就是教和学这两回事。孔子在《论语》里说过："温故而知新，可以为师矣（《为政第二·十一》）。"认为："随时温习所学的知识，而能体会出新的道理来，就可以把这知识教给别人了。"他在"学而不厌，诲人不倦，何有于我哉（《述而第七·二》）?"这句话中自评："学与教这两件事，都是我的兴趣所在，但要达到不厌不倦的地步，我到底做了多少呢?"这都是他把教与学看得一样重要，而且把两者并列为自己的终身职志的表现。孔子的一生之中，虽然也有过短暂出仕的经历，但他整个生活从头到尾贯彻的重心，无疑仍在他的教育工作上。

在《论语·述而第七·十八》就有这么一段记载：叶公问孔子于子路，子路不对。子曰："女奚不曰：'其为人也，发愤忘食，乐以忘忧，不知老之将至云尔!'"白话释文是：叶公向子路问孔子的为人，子路一时不知如何回答。孔子说："你怎么不告诉他说：'他这个人，发愤求学做事，有时会连饭都忘了吃。在求学和做事上有了些进步，就快乐得忘了一切眼前的烦恼。从头到现在，自己已稍有年岁了，还是保持这种不变的心态呢。'"

这一段对话，不但彰显了孔子自认其一生最主要的成就即是从事了教育的工作，而且还永远追求一种“终身教育”的理想境地。所谓终身教育，其含义是指人生的任何阶段，应该都有学习的需要，也有学习的能力。这个概念，到了20世纪之后，由于个人生理寿命延长，社会知识与信息量迅速膨胀，民主开放等因素，才逐渐成为教育界的主流意识。西哲杜威（J. Dewey）认为教育其实并没有什么固定目的，如果一定要说目的，那么教育的永续性就是教育的最终目的所在。这种看法，和孔子的观念相似。

孔子的教育思想从尊重人性开始，而人性的价值应就重在本善。而在人性本善的立场之下，人乃可以追求内化式的学习成长。没有任何人被排除在有教无类的范围之外，而教师则必须依照学生的个别差异来因材施教，最终做到教育全面走入社会，可以成为每个人在受教育之后继续产生“终身教育”的需要与兴趣的依据，永续提升文化。而我们惊奇的是，不知为什么，孔子的教育思想，竟然与我们现代很多最新的教育理论，本质上是如出一辙。

第十讲 自立，立人，立于世

原文

子曰："人能弘道，非道弘人。"

《卫灵公第十五 · 二十八》

释文

孔子说："真理重在实践，人可以经过追寻、探讨、力行等途径而使真理更得清楚，却不可能单凭个人的空想，就立即达到了真理，充实了自己人生的意义。"

原文

子曰："不知命，无以为君子也，不知礼，无以立也，不知言，无以知人也。"

《尧曰第二十 · 三》

释文

孔子说："一个人不能够明白天命于人对这个世界的责任，就很难成为一位君子！不能够明白什么该做与不该做，就很难算是有独立的人格；不能够明白社会沟通的原则，就很难做好与人相处。"

我们现在要试为孔子的思想做个结论了。

人生的真理可能因缺乏一致的标准而难解。就好比我们已提过的人性本善或本恶就不是一个谁说了算的问题。更进者，连一件事物怎么称作善，怎么称作恶，都可能难说得明白。

古希腊哲学家苏格拉底（Socrates）就曾和一位青年学生欧西德莫斯（Euthydemus）以"正义"这个概念为例，讨论过这件事。苏格拉底先与欧西德莫斯列出虚伪、欺骗、偷窃、奴役四种不可能被认为合乎正义的行为。再经检讨发现如果一位将领在战争时声东击西虚布疑阵击败来犯的敌人，就不能视之为非正义，而他如果使用俘虏来完成某项工程也不能说不对；又父母说好听的假话来哄小孩吃治病的药，反是一种爱心的表现，一个人为了保护情绪不稳的朋友，就把他的刀剑偷藏起来亦不算不正当的行为。于是苏格拉底和欧西德莫斯最后得到的共同结论就是要明确地表达什么叫做“正义”这个看似简单的概念，到头来竟不是那么轻易的事。

这个问题，中世纪哲学家圣奥古斯丁（St. Augustine）也有过同样的感叹，他针对“时间”这一我们每个人都脱离不了的概念，就曾说过“关于时间，你不问我，我本来清楚知道它是什么，现在你问我，我倒觉得茫然了”一句话。

孔子在追求真理上，显然也遭遇到同样的困难，譬如他在回答弟子颜渊、仲弓、樊迟、子贡、子张、司马牛等有关一个“仁”字的基本概念上就有很多不同的说法。最后大家比较能共同接受的是回答樊迟的“爱人”这个定义（《颜渊第十二·二十二》）。

而事情还不止于此，有时甚至连什么行为合乎仁，什么行为不合乎仁，老师与学生之间也常有不很一致的看法。

例如在《宪问第十四·十七》里所记：“子路曰：‘桓公杀公子纠，召忽死之，管仲不死。曰未仁乎？’子曰：‘桓公九合诸侯，不以兵车，管仲之力也。如其仁！如其仁！’”白话大意是：“子路问道：‘齐桓公杀了他的兄弟公子纠，公子纠的老师召忽也就跟着自杀，他的另一个老师管仲却没有跟着死，后来还当了齐桓公的宰相，那这个人应不算是合乎有仁德的标准吧？’孔子说：‘齐桓公多次召集诸侯会商盟誓，不以战争而以外交的方式来解决各国间的争执问题，使老百姓得以安居乐业，这都是因为管仲辅佐的功劳啊！所以我们不能说管仲没有仁德，而应该说他是有仁德的一个人才对。’”这样就不但一个“仁”字可以具有多种不同的意义内涵，甚至同一个人的行为也会因不同的观点而形成相反的解释。

对于这些矛盾，古往今来的重要哲学家都曾做过不少的思考讨论。大多数人都倾向于真理不可知，其最主要的原因是他们都意识到我们人之所以为人，虽然是理性与感情的动物，但我们的理性与感情都有限和不完美，所以我们对外在事物的判断没有完全一致的可能，有时甚至于南辕北辙。

除了我们刚提过的苏格拉底和圣奥古斯丁的看法之外，德国的康德（I. Kant）也同样认为在纯粹理性上真理无法达到，但在实践理性上，人应以追求真理为目标。法国的笛卡尔（R. Descartes）亦认为人不易确定世间纯粹的真理，却应努力去找最接近的真理。到了近代德国的胡塞尔（E. Husserl）则再进一步提出一个具体处理方法，即我们似可不偏不倚地体会及描述一般事物给我们的各种现象来尽量掌握事物真相。

• 君子死，冠不免

我们认为孔子在《卫灵公第十五·二十八》里所表达的意义和这些西方哲学家对真理的看法相当类似。其实我们在前面还曾提过孔子说的“朝闻道，夕死可也”（《里仁第四·八》），和曾子说的“士不可以不弘毅，任重而道远。仁以为己任，不亦重乎！死而后已，不亦远乎！”（《泰伯第八·七》）两章文字，也都说明了儒家明知真理可能永远无解，却立志追求、至死方休的精神。

而这在《卫灵公第十五·二十八》里，孔子就更明白地说出了“人能弘道，非道弘人”一句话。其和前述几位西方哲学家一样的共同特色就是提出了接近真理的最好方法莫过于“实践”。这段话的白话释文即为：“真理重在实践，人可以经过追寻、探讨、力行等途径而使真理更加清楚，却不可能单凭个人的空想就达到真理，充实了自己人生的意义。”这段文字所要表达的要点或有二。

其一是说明道（真理）之为物，就是一个无限值，可能永远无法达到圆满，只能不断地使它成长、充实。其二是说明人是有个人动机及个人作为的，可以去探求、推动自己择定的道，使之更为清楚、明白，成为更多人向往的目标、途径。道本身却是无私无为的，这也就是说，人可以立志以求道，道却不会自动找人来施以教化。

道于任何人都没有针对性，不会因任何人的任何背景而特别为他做些什么或不做什么，尤其是如果一个人只是空言道理而不去实践的话，那就更没有可以真正接近这个“道”的机会了。

此外在《中庸·第二十章》里还有孔子另加的一段话说：“诚者，天之道也，诚之者，人之道也。……诚之者，择善而固执之者也。”白话释文是：“至公至正的诚实状态，是真理的当然，努力做到诚实，是人理的应然……而我们人所能做的，就是只能凭自己的良心和诚意，努力体会和选择自认为最适当的方法，来尽可能把握住真理的内涵就是了。”

在择善固执的实践上，我们可以《左传·鲁哀公十五年》及《礼记·檀弓上》所记子路殉难的一段故事来做说明。大意为当时卫国因政争发生内乱，子路正担任卫国大夫孔悝的家臣，某次与敌对者战斗，子路寡不敌众，受伤连帽带都断了。子路发现帽子掉落地，他居然顾不得敌人，大吼一声：“君子死，冠不免”，就弯身去先把帽子拾起，把帽带重新系好。敌人却趁机上前把他砍死。子路死讯不久传至孔子那里，听到子路死时竟被砍成一堆肉酱，孔子悲痛不已，从此就不再吃任何近似肉酱类的食物。这段故事，可以作为儒家在弘道的精神上择善固执到置生死于度外的一个令人既感伤又赞叹的说明。

儒家认为道的内涵重在实践。

我们讨论过《卫灵公第十五·二十八》之后，现在我们接着再来看《论语》全书的最后一章——《尧曰第二十·三》。

这一章里记的是："子曰：'不知命，无以为君子也，不知礼，无以立也，不知言，无以知人也。'"其白话释文为："孔子说：'一个人不能够知道天命于人对这个世界的责任，就很难成为一位君子；人不能够知道什么该做与不该做，就很难算是有独立的人格；不能够知道基本社会沟通的原则，就很难与他人相处。'"这一段话，可作为《论语》全书的总结，而我们也就以此为儒家的思想作一个以实践人生意义为主的最终讨论。

儒家是一种实践重于理论的思想，而在人生哲学的领域里，所谓实践，最重要的内容就是要探讨"人"在这个世界上生活的意义，例如现代相当风行的存在主义思想就直接称之为"存在"的意义。

在人生的意义上，归纳起来，人之为人，存在于这个世界上一辈子所要了解及做好的，不外乎是人与自己、人与他人以及人与其他一切万物三种关系，这三种关系与我们现在所要讨论的《尧曰第二十·三》里所指出的人要知礼、知言、知命的内容一致。

知礼是要了解及做好人与自己的关系，知言是要了解及做好人与他人的关系，知命是要了解及做好人与其他一切万物的关系。我们可大致比照这个模式来进一步具体解读《论语》最后一章里，所包含的对我们人生最终的意义的解读。

• 生而立志为君子

我们先看人要了解及做好与自己的关系。

孔子说："不知礼，无以立也。"礼，就是一种人要知道什么事自己该做与不该做的原则。

所谓人要知道及做好与自己的关系，或是要知道什么事该做与不该做的原则，其实就是一种"自我反省"的意识，从而建立自己的独立人格。

我们在前文中曾提过人与其他动物有所不同，是因为人有理性和感情，这些理性与感情的本质虽然并非完美，却给了人可以自由思考的能力，这种自由思考的能力让人可以作出自我反省行为（其他动物没有自我反省行为，譬如一只狗或猫不会检讨自己是好狗或坏猫）。自我反省对一个人的影响至为重大，其一，代表在人的意义上，人可以了解自己是怎么样的人；其二，又代表了人可以希望在合理的范围内自己成为怎么样的人，形成较为稳定的人格倾向系统，这就是知道及做好与自己的关系了。而这些关系以儒家的话来解释，就是所谓立志，是指人生有了基本立场。

人首先由认识自己并非完美，但又具有选择自己前途的自由意志说起。既然人自知是非完美的全知全能，所以在自由意志之下要做任何一件自己行为的决定，就都有做对或做错的可能。有自由的选择，就有责任的后果，因此不可不慎，故虽知到最后或仍难达到确实无误，但减少错失却是应努力为之的。

我们在前文中已提过孔子在知其不可能完美的困境之下仍然希望以最和谐的方式来解决这个问题，这种最和谐的方式，孔子认为莫过于一个“仁”字。因为这个“仁”的观念，第一在人的自由意志之下，是一个很容易决定的行为；第二在人的感情因素之下，已完整包含了爱的观念在内；第三在人的理性因素之下，人更可以中庸的态度来适当调节仁爱，使不会因不足或过量而造成错误的结果。

孔子重视仁，并认为仁的理念就是自己不想别人怎样待你，你就不要那样待人，或是想别人怎样待你，你就要怎样待人。这个最普遍的规矩，形诸于外就是所谓“礼”了。

在实践的意义上，一个人是否能守礼，就是检验那个人是否存有基本仁心，以及其人格是否发展成熟的形式标准了。所以孔子在《论语·颜渊第十二·一》里提出“克己复礼为仁”，认为克制自己的欲望，使自己的行为都合乎礼的要求，就是实行仁道。以及在《雍也第六·二十五》里说了“君子博学于文，约之以礼，亦可以弗畔矣夫”，认为一个君子广泛研习有关典籍学说，再用礼节来约束自己的行为，就可以知道什么事该做或不该做。这些话语，应和他所谓的“不知礼，无以立也”的意思是完全一致的。

知道人与自己的关系后，我们再来看人与他人的关系。

孔子说：“不知言，无以知人也。”这句话的意思是指人在社会上要与他人和谐相处，那彼此多沟通的工作就必不可少。

在前一段讨论人与自己的关系里，我们说到孔子了解一个人可以藉理性与感情的自由意志来选定自己认为最适当的“处世行为”。而人的处世行为，其实最主要的内容就是“社会行为”，而所谓的社会行为，指的是人与人之间的互动关系行为。

追根究底而言，一个人的生存本必由他人（父母）先生存而来，而且其继续生存亦必由与他人共同生存方有长久的可能。所以人的存在意义除了先要知道自己存在的问题之外，其次是要了解自己与其他人共同存在的问题，然后设法使人我的相互作用更得和谐，进而可以促进整个世界的向上发展。

在这种理想立场之下，孔子除了提出一个“仁”字的基本理念之外，另就提出了一个“恕”字作为实践准则，认为大家如都能做到“己所不欲，勿施于人”，每个人都能爱护他人就像爱护自己一样，那么天下的人就都不会去做危害他人的事了。

本来这种将心比心的恕道精神，在原则上也确是简明有效地从自己出发，然后做到人与人之间都能以仁爱相待的最好方法。如人饥则觅食，自己既不想受饥饿之苦，那么也应该努力使他人不受饥饿之苦。这在推己及人的意义上应是不错的，在实际人与人相处的状况上似又不是那么简单，因为人的饥则觅食在幼时固然大同小异，到长大后就会有各种饮食习惯的不同。有人喜欢吃饭，有人喜欢吃面，有人无肉不欢，有人不沾荤腥，于是我们如果送了很多牛肉给吃素的人，那就会造成尴尬了。

孔子于此也说过“性相近，习相远”（《论语·阳货第十七·二》）一句话，可见他也知道人固然有其先天基本相近之处，可以就此将心比心，以自己之所需，推及他人之所需，但人亦有其后天因环境而造成的甚多相异之处，是我们在忖度“己所不欲，勿施于人”时要进一步思考、裁量，然后再对人表达自己愿意以仁爱之心相待的真情实意，在施者及受者多考虑对方立场的原则之下都能得到更和谐的利益才好。

人先天的共同性，我们大约均可以推己及人之心而获致，后天的个别差异，就要靠人与人之间的进一步积极沟通才能知晓了。而沟通的主要方式就在语言。

人的语言功能非但使人自己知道除了“我”之外，世间尚有其他与我同族类的“他人”存在，而且还是人我之间互相表达感觉、情绪、思想、意志、行为等的首要利器。例如人若已先有“己所不欲，勿施于人”的基本心态，然后再加上自己学习、观察以及其他经验所得，在实际处理某事时先多与他人作交换意见的沟通对话，那么任何本来就是一种善意的行为，结果却收到失误后果的可能性就会因之而减少。

我们在这里且举出两个因为积极的沟通而得以及时改正错误的例子来作补充说明。

第一个例子记在《吕氏春秋·任数》上，内容大意为：“孔子周游列国时，有一次受困于陈国和蔡国之间，好几天都没有米煮饭吃，大家都很困惫。某日颜回到附近民家要到一些米，正在煮饭将熟时，孔子从厨房窗前走过，看见颜回把饭锅打开就先抓了一口饭吃。孔子当时没有责备颜回。稍后等到饭煮好，颜回盛了饭送到孔子面前，孔子先不吃，却开口向颜回说：‘刚刚我在睡梦中梦见了我父亲，现在正好有新鲜洁净的饭，我想先用来祭拜他一下才好。’颜回连忙摇手说：‘老师，这饭不适合用来祭祀啊。刚刚烧饭的时候，我打开锅盖看饭熟了没有，却有煤灰因此飞进饭锅，我就赶快抓了一口被煤灰弄脏的饭吃了，所以这饭已不是完全洁净的。’孔子一听，恍然大悟，不由叹了口气说：‘哎呀，我差点错怪颜回了。'"

第二个例子则记在《孔子家语·致思》里，内容大意为："鲁国因国势衰弱，有不少人被抓去卖到邻国当奴隶。鲁国当局甚为不忍，就颁布命令说，如果有人能从邻国把鲁国奴隶赎回来，那么就依数量给予奖金。不久子贡就赎了一批奴隶回来交给政府，而且还辞谢不领奖金。孔子听到这件事，就评论说：'端木赐这个表达仁爱之心的行为于个人来说是对的，于社会风气的影响却不太对啊，因为他的行为有引起他人比照办理的意义。鲁国本来就富人少穷人多，他这种赎回奴隶不受奖金的做法，别人却是很难做到的，如此结果，就恐怕导致鲁国人不太愿意这样平白去做赎回奴隶的事了。'"

这两个例子，都是说明了一个人的行为，除了动机纯正之外，如再加上与人更深入的诚恳沟通，就可以减少对人的误解，甚至造成对社会负面影响的可能。

于此，我们还可以再看《尚书·皋陶谟》上的一段话："知人则哲，能官人，安民则惠，黎民怀之。"说的应是："能够以明智深入的方式来多了解他人的长处，那么任用公务员就不易犯错，然后因此而使百姓真正受到仁政的好处，安居乐业，那大家就自然心向着他了。"这里所说的，亦就是人（尤其是领导者）要做好安定社会的工作，就首先要从知人开始，而要知人，就莫过于深入沟通了解他人了。

说完人与己、人与他人的关系，我们最后要说的就是人与其他一切万物的关系。

孔子说："不知命，无以为君子也。"这句话是指人如不能够明白自己对这个世界的责任，就很难成为一位君子。

所谓"命"，我们在前文中曾经提及，就是一种天赋的使命，是一种"天命"的意思，亦即是这个天底下、世界上一切万事万物最终的道理所在。在这个世界上，除了人的存在之外，其他含有存在意义的，就是万事万物的存在了。

而这个存在，基本上还有两层不同的境界分别，一是自然界除人以外其他实质万物的存在，另一则是超越自然的、非物质的神性存在。这两种存在，都是我们人必须要了解并做好彼此之间的关系的。

我们先说实质性自然界万物的存在。原来任何一个人存在这世界上，本就除了不能脱离他人而独自生存外，也不可能脱离其他生物活下去。人的食衣住行的供应都必须取之于自然界便是不争的事实。我们前文中亦曾讨论过孔子提出在人与自然界万物共存的观念上就是要勉力做好惜物与爱物的基本要求，人在不得已的需要情况下从自然界取用物资，绝对要适度合理而为，并且要尊重其他有关生物使之亦有适当的永续生存环境。

在这原则之下，孔子甚至在《礼记·祭义》里很语重心长地说过“断一树，杀一兽，不以其时，非孝也”一段话，意思即是强调“就算是用于侍奉父母，如随意浪费物力，也是不对的”。这都说明孔子对尊重自然界万物存在态度的严肃与坚定。

随后，我们就要讨论人与天命中超自然的神性关系了。我们以前亦曾提过孔子对神性天命的看法，现在我们在这里再予归纳一下，其重点或有三。

以有关《论语》内容而言，其一是孔子相信在这个世界上，冥冥中，自有一个至高无上的主宰意志存在，否则这个宇宙大自然不可能自行运行得如此完美。所以孔子在《阳货第十七·十九》里说：“天何言哉？四时行焉，百物生焉，天何言哉?”指出天虽然自己没说，但以天时、万物如此运作生息有序的现象看来，其背后无疑有一个枢纽性的动因力量存在。

其二是人与天的关系密切，人本由天而来，最后亦将回归天人合一。尤其人又具有天的全知全能神性的部分灵善本性，具有自由意志，而这个自由意志亦来源于天，虽然有缺陷，却仍具有呼应天意的责任，以减少自己对己、对人、对万物行为失误的机会。所以孔子在《宪问第十四·三十七》里说："不怨天，不尤人，下学而上达，知我者，其天乎!"就指出自己不抱怨天，不抱怨人，只要上天能明白自己确是把学到的道理已诚恳切实地比照天的意志来奉行，至于效果如何，也由天来做最后决定了。

其三是孔子毕生揣摩这个"天"的意志，大抵认为"天"的最大特色就是和谐。和谐代表了彼此亲切、朴实而又优美、自在的一种包容，而孔子把人模仿天意行诸于世间上的行为叫做"仁"。这个"和谐"或"仁"，是上天既定的意志，也是我们人的自由意志。选择要成为一位君子所应追求的目标，但又是人所不易企及的目标，于此孔子就又在《泰伯第八·十九》里说："大哉尧之为君也，巍巍乎，唯天为大，唯尧则之。"认为这种崇高伟大的和谐仁道观念自古恐怕只有尧帝曾经接近做到而已。以天的标准来论事、天人合一固是理想，然而要真正达成，恐怕又不是一件容易的事。

说到这里，也许我们就可以做个总结了。任何理想都是不易圆满实现的，从另一角度来看，我们又要说，世间事有其公平的地方，就是凡走过的就必然留下痕迹。

• 无憾

孔子一生栖栖遑遑，周游列国，想推动他世界大同的理念而不得志，于是晚年将心力放置在教育与典籍的整理修订上。在这两方面，孔子所获致的具体成果应为：其一是使儒家学说除了《论语》外，另以《诗》《书》《礼》《乐》《易》《春秋》等重要经典而得成型；其二是追随他学习的受业弟子三千，特别优秀者有七十二人，都成了我们中华主流文化价值发扬光大的重要推手。

最后，应如何来描述孔子？仍引用司马迁在《史记·孔子世家赞》里所说的话最为适宜："太史公曰：《诗》有之：'高山仰止，景行行止。’虽不能至，然心向往之。余读孔氏书，想见其为人。适鲁，观仲尼庙堂车服礼器，诸生以时习礼其家，余低回留之不能去云。天下君王至于贤人众矣，当时则荣，没则已焉。孔子布衣，传十余世，学者宗之。自天子王侯，中国言‘六艺’者折中于夫子，可谓至圣矣！”

此段白话释文是：“太史公说：古诗上有话：‘像高山一样可以令人仰望，像宽广的大路一样可以令人循着前进。’我虽然不能真正体会到那种境界，但心里是很向往的。我读孔子的书，仍多少可以想象他的为人。我曾到过鲁国旧地，参观了仲尼的庙堂，以及他的车辆、服饰及礼器等遗物。许多求学的学生，都还按时到孔子的旧家来演习礼仪。我不由也徘徊留恋不舍离去。自古以来，天下的君主以及贤人够多了，他们多数只能在当时享受一些荣耀，身后就什么都没有了。孔子只是一个普通平民，他的道统家族在他之后到目前传了十几世，读书人都尊崇他。而且从天子王侯以下，到全国凡是研究六经道艺的人，都以他的思想作为准则，孔子真可以说是至圣了。”

孔子一生都在做着知自己、知他人、知天命的工作，虽是明白能获致绝对成功的机会不大，然而他这种知其不可而为之的思想道范却永留人间，成了我们中华文化的思想主流。宋代朱熹在其《语类》一书中亦因此记下了“天不生仲尼，万古如长夜”这一句话。孔子生前对其崇高而纯朴理想的不能实现或具“有志未伸”的抑郁情绪，但身后弟子都感怀他的教诲之恩，从各国来到他的墓园周围结庐守丧三年，期满大家痛哭诀别，留下子贡独自再守墓三年，之后受到后人广泛的尊崇。如果孔子地下有知他的一贯之道迄今薪传不已的景象，尽到了自己“弘道”的责任若此，他可以认为是一种“无憾”的交代了。